Wie ich lernte, das Fliegen zu hassen

Henry Mintzberg ist Bestsellerautor und Experte für strategisches Management. Wenn er gerade nicht auf Flugreise ist, unterrichtet er als Professor für Management an der McGill University und als Professor für Organisation an der französischen Business School INSEAD.

Volker Kriegel hat sich neben seiner Arbeit als Cartoonist und Illustrator einen Namen gemacht als Gitarrist, TV-Komponist, Rundfunkautor, Dokumentarfilmer, Übersetzer und Erzähler.

Henry Mintzberg

Wie ich lernte, das Fliegen zu hassen

Abgründige Erlebnisse über den Wolken

Aus dem Englischen
von Andreas Simon

Illustrationen von
Volker Kriegel

Campus Verlag
Frankfurt/New York

Die Deutsche Bibliothek – CIP-Einheitsaufnahme

Ein Titeldatensatz für diese Publikation ist bei
Der Deutschen Bibliothek erhältlich.
ISBN 3-593-36708-4

Campus Verlag GmbH, Frankfurt/Main
Umschlaggestaltung: RGB, Hamburg
Umschlagmotiv: Volker Kriegel, Wiesbaden
Satz: Leingärtner, Nabburg
Druck und Bindung: Media-Print, Paderborn
Gedruckt auf säurefreiem und chlorfrei gebleichtem Papier.
Printed in Germany

Besuchen Sie uns im Internet: www.campus.de

Inhalt

Warnung

Die in diesem Buch berichteten Erfahrungen
stammen größtenteils aus
einem früheren Jahrtausend.
Unternehmen machen Fortschritte.
Die Situation hat sich wahrscheinlich
noch verschlechtert.

Vor dem Start

Willkommen an Bord, meine Damen und Herren. Hier spricht Ihr Autor. Eine kurze Durchsage, ehe wir in die Luft gehen: Während Sie es sich auf Ihren Plätzen bequem machen, um über das Fliegen zu lachen, muss ich Sie pflichtgemäß darüber informieren, dass dieses Buch von mehr handelt als vom Fliegen und daher keine ausschließlich spaßige Angelegenheit ist.

Denn tatsächlich führe ich hier auch einen Feldzug – aber entgegen der hässlichen Gerüchte von Leuten, die dieses Buch »sorgfältig« gelesen haben, führe ich ihn nicht gegen die Fluggesellschaften und Flughäfen. Schließlich verbringen einige meiner besten Freunde ihre Zeit in ihnen! Und ich habe sogar die flüchtigste Bekanntschaft mit allen möglichen weiteren netten Menschen gemacht, die dort arbeiten.

Mein Angriff richtet sich vielmehr gegen die Kommerzialisierung, gegen die Annahme, dass wir uns alle vom Konsum auffressen lassen müssen. Ich weiß, wir leben im dritten Jahrtausend. Ich weiß, dass alles ein Produkt ist und jeder Mensch ein Markt. Ich weiß, dass menschliche Werte allesamt auf den *Shareholder-Value* reduziert werden, also den maximalen Gewinn für die Aktionäre. Aber auch Krankenhäuser? Kirchen? Spielkasinos? Tischtennisturniere? Als ich entdeckte, dass dies auch am Himmel geschieht, so nahe am Himmelreich, hatte ich genug. Ich sann auf Rache! Sie halten sie in den Händen.

Einem anderen Gerücht zufolge, diesmal von Buchmachern und Buchverkäufern gestreut, die ihre Schützlinge ernähren wollen (und das gern großzügig), haben Sie hier nichts als ein Humorbuch vor sich. Doch wie kann das sein, wo es doch in Wirklichkeit auch ein Buch über Management ist, oder zumindest über die Konsequenzen des Managements? Management ist ein ernstes Geschäft. Ich weiß das, weil ich unten auf der Erde ernste Bücher darüber schreibe. Und dieses Buch ist sogar noch ernster, weil es direkt durch die Abstraktionen hindurch in die alltägliche Realität hineindüst. Es zeigt, was meine anderen Bücher bloß sagen: dass nämlich – so prima Management sein mag – *Management* das Problem ist.

Wenn Sie das Buch als Manager lesen, haben Sie vielleicht Schwierigkeiten, es zu verstehen. Kein Kapitel beginnt mit den Worten »Fünf einfache Schritte, um …« Deshalb gebe ich unter der Überschrift eines jeden Kapitels kleine Hinweise, die den nebulösen Bezug des Kapitels zum Management erklären. Wenn das nicht reicht, wenn Sie also trotzdem nach den »einfachen Schritten« suchen wollen, schlage ich vor, dass Sie dieses Buch sorgfältig lesen – und dann immer das Gegenteil des darin Beschriebenen tun.

Wenn sie das Buch als Kunde lesen, mögen Sie versucht sein, diese Hinweiszettel zu überspringen und über das Nachstehende zu lachen. Tun Sie sich keinen Zwang an – solange Sie sich nicht auf Kosten der Fluglinien und Flughäfen amüsieren. Denn dies ist kein Buch darüber, was *die* mit *uns* machen; es handelt vielmehr davon, was *wir* einander antun.

Aber bitte lachen Sie leise. Die Dame auf dem Sitz neben Ihnen ist wahrscheinlich eine Managerin, die eifrig Ihren nächsten Einkauf in die Wege leitet. Tatsächlich könnte die Person auf Ihrem eigenen Sitz auch ein Manager sein, der gerade meine nächste Anschaffung arrangiert. Aber das ist nur fair, denn die Person auf meinem Sitz hat bereits Ihren letzten Kauf eingefädelt.

O. K., schließen Sie nun bitte nicht Ihre Augen und stellen Sie bitte nicht das Denken ein – wir starten unseren Fantasieflug. Bon voyage!

Wenn Sie wissen wollen, warum ich das Fliegen hasse,
müssen Sie eine Minute warten.

Seien Sie nicht so ungeduldig.
Warten Sie einfach hier wie alle anderen auch.
Und kann ich bitte Ihren Pass sehen?

Bevor Sie fortfahren dürfen, muss ich Ihnen einige Fragen stellen:

1. Haben Sie dieses Buch selbst ausgesucht?
2. Haben Sie dieses Buch seit dem Kauf zu irgendeinem Zeitpunkt unbeaufsichtigt gelassen?
3. Enthält dieses Buch irgendeine Substanz? Könnte sie für seine Leser schädlich sein?

Wenn Sie alle Fragen mit »ja«, »nein« oder was auch immer beantwortet haben, können wir weitermachen. Andernfalls müssen Sie sich bei der Flugverunsicherung melden.

Jetzt dauert es nicht mehr lange.

Begreifen Sie es langsam? Nein?
Dann quetschen Sie sich vorbei und es wird
Ihnen klarer werden.
Und kann ich den Pass noch einmal sehen?

(Sie haben ihn ganz unten in Ihre Tasche gelegt,
Sie Flugakrobat.)

I
Fliegen
als Transformationserfahrung

Dies ist das Kapitel über Veränderung. Veränderung muss immer an erster Stelle stehen, vor allem anderen, vorzugsweise anstelle von allem anderen. (Veränderung ist wichtig für das Management; Waren und Dienstleistungen zu produzieren dagegen nebensächlich.) Sie haben vielleicht gehört, zum Beispiel zu Beginn jeder Management-Rede der letzten 30 Jahre, dass wir in Zeiten großen Wandels leben. Wenn das so ist, warum tragen Männer dann immer noch Krawatten? Tatsache ist, dass wirklicher Wandel – Transformation – selten ist. Außer bei Fluggesellschaften, wo er sich jeden Tag millionenfach ereignet.

Erinnern Sie sich an das alte, eigentlich völlig unbekannte Sprichwort: Man kann aus einem Schweinsohr keine Seidenbörse machen? Vielleicht stimmt das, ich habe es nie versucht. Aber ich kann Ihnen sagen, dass Fluglinien Meister darin sind, Großvieh in Sardinen zu verwandeln.

Wenn Sie irgendwohin fliegen wollen, müssen Sie sich zunächst wie Herdenvieh scheuchen lassen – rein und raus, vor und zurück, hoch und runter. Zuerst müssen Sie Schlange stehen, um eine Bordkarte zu erhalten (also um das Ticket zu ersetzen, das Sie gerade gekauft haben). Dann müssen Sie sich in die Schlange stellen, um Ihre Bordkarte vorzuzeigen (damit beweisen Sie, dass Sie das Ticket gekauft haben, das man Ihnen gerade abgenommen hat). Nun dürfen Sie sich in die Reihe stellen, in der Sie auf Bomben gefilzt werden. Danach müssen Sie sich noch einmal anstellen, um die Bordkarte zurückzugeben, die Ihnen gerade ausgehändigt wurde. Sobald dies erledigt ist, reihen Sie sich ein weiteres Mal in die Schlange, um ins Flugzeug zu gelangen, wo Sie wieder Schlange stehen dürfen, um sich durch das Flugzeug voranzubewegen. Schließlich erspähen Sie Ihren Platz in diesem Stall, eingekeilt am Fenster. Aber ehe Sie sich setzen dürfen, müssen Sie ein letztes Mal in der Schlange warten, weil der Idiot vor Ihnen endlos lange braucht, um seinen Koffer zu verstauen. Schließlich ist der Weg frei! Jetzt müssen Sie nur noch Ihren eigenen Koffer gewissenhaft unterbringen – eine Sache von höchstens einer Minute. Und schon wirft Ihnen der Knallkopf hinter Ihnen böse Blicke zu.

Nun kommt der Moment, in dem das Fliegen zu einer Transformationserfahrung wird. Nach mehreren Kunststücken, die Ihnen locker eine Anstellung im Zirkus verschaffen könnten, quetschen Sie sich auf Ihren Platz, vollständig verwandelt: Beine zusammengepresst, Knie verdreht, die Arme eng an sich geklemmt – weil der Schwachkopf neben Ihnen *Ihre* Lehne an sich gerissen hat.

(Heißt es nicht, dass solide Zäune für gute Nachbarschaft sorgen – statt einzelner Armlehnen?)

Aber sei's drum. Sie haben Ihre Ecke in der Blechbüchse gefunden, selbst wenn Sie das Gefühl haben, dass man Ihnen Kopf und Schwanz abgeschnitten hat. Natürlich sind Sie nicht enthäutet und entgrätet, denn dies ist der Ort für Billigware. Sie dürfen nie vergessen, dass Sie auf dem Zwischendeck sind, das bei den Fluggesellschaften »Economy Class« heißt, »Sparklasse«. Aber wenn es hier wie in einer Sardinendose aussieht und sich alles wie in einer Sardinendose zusammenquetscht, sollten wir sie dann nicht lieber »Sardinenklasse« nennen?

Jetzt ist das Flugzeug an der Reihe, Schlange zu stehen: Zuerst, um den Flugsteig zu verlassen, dann, um seinen Platz unter den Dutzenden von Flugzeugen einzunehmen, die darauf warten abzuheben. Schließlich, während Sie fest Ihr Kreuz, Ihren Stern oder Ihr Wirtschaftsbuch an die Brust pressen, jagt diese geflügelte Blechdose über den Boden wie ein verwirrter Vogel, der sich krachend und kreischend in die Luft zu erheben versucht. Und dann sind Sie endlich in der Luft! – erleichtert nur bei dem Gedanken, dass es wahrscheinlich glatt gehen wird, wenn es damals bei Wilbur und Orville Wright auch mehr oder weniger geklappt hat.

An diesem Punkt schlage ich Ihnen vor, einen Spaziergang zu machen. (Ignorieren Sie die Sicherheitsgurtzeichen. Sie sind für Leute, die nicht ans Bergwandern gewöhnt sind.) Denn dadurch bietet sich Ihnen ein Anblick, den Sie auf dem Erdboden niemals zu Gesicht bekommen werden: Jedes erdenkliche Exemplar der menschlichen Gattung – Großonkel und Großnichten, Trophäen- und

Müllsammler, Straußzüchter und Stardirigenten, Brieffreunde und Dumpfbacken –, alle sind sie säuberlich geordnet aufgereiht. Dagegen wirkt eine Sardinendose wie die reinste Disko.

Auf dem Erdboden halten die Menschen einen gewissen Abstand voneinander. In manchen Kulturen stehen sie sich näher als in anderen. Anthropologen untersuchen so etwas gerne – außer in Flugzeugen. Oder haben Sie jemals einen Anthropologen getroffen, der in einem Flugzeug Feldstudien betreibt? Anscheinend hat keine Kultur der Erde jemals einen Anthropologen hervorgebracht, der bereit wäre, so nah am Objekt zu arbeiten.

2
Die Programmierung
von Passagieren

In diesem Kapitel geht es um Training und Weiterbildung. *Das ist eine teure Sache, die aber nicht länger auf die Beschäftigten verschwendet werden muss. Denn die sind einfach nicht mehr lange genug da, weil sie darauf bestehen, wegrationalisiert zu werden. Die Kunden allerdings müssen darauf trainiert werden, bei der Stange zu bleiben! Weil die Firma König ist, muss der Kunde dazu gebracht werden zu kooperieren. McScheffel's zum Beispiel gelang es, einen Großteil seines Reinigungspersonals durch seine Kundschaft zu ersetzen, die pflichtbewusst die Tische abräumt. Aber schon allein aufgrund der besonderen Folgsamkeit ihrer Kunden sind Fluglinien eine Klasse für sich.*

Sind wir einmal hier oben, über den Wolken, dann werden alle unsere Bedürfnisse befriedigt. Ob wir wollen oder nicht. Außer einer kleinen Sache, zumindest für jene, die am Fenster sitzen und die akrobatischen Verrenkungen satt haben. Auf Flügen von Buda nach Pest ist das kein wirkliches Problem. Längere Flüge sind da schon etwas anderes.

Gewiss, wenn es in umgekehrter Richtung wieder hochkommt, liegt eine von den niedlichen weißen Tüten griffbereit. Das Problem ist nur, dass – abgesehen von einer Ausnahme, auf die ich noch zu sprechen komme – meines Wissens niemand seit der Einführung des Düsenflugzeugs 1952 eine von diesen Tüten benutzt hat. Manche glauben, dass die Beutel beruhigend wirken. Wie das Ausfahren des Fahrwerks, nehme ich an. (Darauf kommen wir ebenfalls noch zu sprechen.) Und dann sind da ja auch noch jene, die mit den Tüten ihre Ausgaben für Schreibwaren reduzieren.

So gut wie alles Weitere geschieht hier oben automatisch, auf Zeichen. Jemand hinten in der Hauptverwaltung drückt ein paar Knöpfe. Wenn das Flugzeug den Flugsteig verlässt, vollführt ein Flugbegleiter vorne auf ein Zeichen hin ein Tanzritual, das alle anderen auf ein Zeichen hin automatisch ignorieren. Dies wird von einer Ansage begleitet, in einer Sprache, die nur dem Flugzeugpersonal bekannt ist: »WillkommenanBorddesBlablaflugesvonBudanachPestmitZwischenstoppinPoonaundPerth …« Diese Sprache wird offenbar in verschiedenen Varianten gesprochen. Kürzlich blickte in einer Abflughalle in Montreal der Fluglinienansager nach so einer ähnlichen Ankündigung auf und fragte: »Habe ich das gerade auf Französisch gesagt?« Allgemeines Schulterzucken.

Dann kommen auf Zeichen die Drinks, drei Stück Eis in jedem Becher, auf Zeichen, Zeichen, Zeichen. »Kann ich die Dose haben?«, können Sie fragen. Später fällt vor Ihnen ein Klapptablett herunter, um etwas darauf abzustel-

len, das als »Essen« ausgegeben wird, was Sie aber nicht
daran hindert, es auf Zeichen trotzdem zu essen.

Einige Zeit danach wird auf Zeichen das Licht ge-
dämpft und *Die Unterhaltung* erscheint auf einem kleinen
Bildschirm am Horizont. Sie dürfen sie genießen, durch
den Kopf des Basketballspielers auf dem Sitz vor ihnen
hindurch. Der Ton wird Ihnen mehr oder weniger auf
Zeichen durch Kopfhörer zugebeamt, die Alexander Gra-
ham Bell 1903 eigens für Fluglinien entwarf. Zuerst kommen *Die Übungen*, um die Spannung zu lösen. Fingerbie-
gen. Magenverknoten. Nasenlöcheröffnen (auf der Suche
nach frischer Luft). Dehnübungen für die Vorstellungskraft
(indem man so tut, als ob man mit den Armen flattern
würde). Es folgt der Film, in dessen Verlauf jeder an den-
selben Stellen lacht, ohne einen Laut von sich zu geben.
Wir sind schon ein besonderer Anblick, wir Hunderte von
menschlichen Sardinen, die dasitzen und reagieren wie die
Tauben in einem der Verhaltensexperimente von Burrhus
Frederic Skinner.

Schließlich versichert man uns, dass unsere Helden
bis ans Ende ihrer Tage glücklich und zufrieden sein werden, und der Film ist aus. Das ist das Zeichen für alle am
Gang Sitzenden und auch für die von ihnen eingeschlos-
senen Akrobaten, aufzuspringen und sich vor dem Klo an-
zustellen. Diese Dose aller Dosen war drei Stunden lang
frei …

Dennoch muss doch noch etwas von alledem ohne Zei-
chen geschehen (und es wird gerade dann passieren, wenn
Sie vor dem Klo an der Reihe sind). Wenn nämlich das
Flugzeug auch nur in die leichteste Brise gerät, ist »Ihr
Kapitän« verpflichtet zu sagen: »Hier brüllt Ihr Kapitän«,

gefolgt von: »Wir durchfliegen eine Turbulenzzone. Bitte begeben Sie sich auf Ihre Plätze und legen Sie die Sicherheitsgurte an.« Genau an diesem Punkt folgt auf Zeichen ein 375-faches Klicken, in perfektem Gleichklang. Es ist *Der Flugliniensalut*, den Sie soeben erlebt haben.

3
Geloopt und eingewickelt

Wir kommen nun zum Kundenservice. *Kundenservice findet statt, wenn man Sie vorne an der Theke anlächelt, während man hinten im Büro überlegt, wie man mehr Geld aus Ihnen herausquetschen kann.*

Ahhh, sagen Sie sich, warum dieses ganze Viehtreiben und Gequetsche über sich ergehen lassen? Wahrscheinlich zahlt ein anderer Ihren Flug, also warum nicht Business Class fliegen? Seien Sie eine Zillionärsardine.

Aber haben Sie je eine dieser teuren Sardinendosen geöffnet? Glauben Sie wirklich, eine Sardine fühlt sich besser, nur weil sie zum mehrfachen Preis daherkommt? Sie mögen elegant aussehen, all die kleinen Fische, die da in ihrem Olivenöl sitzen. Aber seien Sie bitte versichert, dass sie nicht glücklicher sind.

Tatsächlich ist Business Class ein verwirrendes Etikett. Zum Teil dank der heroischen Bemühungen der Fluggesellschaften selbst ist die Business Class mehr als ein gewöhnlicher Ort in einem Flugzeug geworden. Nennen wir sie also danach, als was sie angepriesen wird: Päppelklasse. Das Ziel in dieser Klasse ist, Sie ekelhaft gut zu behandeln. Das tun die Fluggesellschaften wahrscheinlich, um ihre Schuldgefühle zu erleichtern. Sie nennen es *Kundenservice*. Ich sehne mich wirklich nach Kundenservice.

An diesem Punkt muss ich eines ganz klarstellen. Beim Fliegen geht es für mich um Schadenbegrenzung – wie beim Tanken oder, schlimmer noch, beim Nachfüllen des Bürohefters. Es macht keinen Spaß; ich will es einfach so schnell und schmerzlos wie möglich hinter mich bringen. Ich brauche keine Flugbegleiter, die mich anlächeln oder jemanden in der Blechdose, der mir sagt, wie sehr man mich und mein Geld liebt. Alles, was ich in einem Flugzeug möchte, ist meine Ruhe, was für mich bedeutet, zu lesen, ohne unterbrochen zu werden. Sie möchten vielleicht schlafen. Es läuft auf das Gleiche hinaus.

»Entschuldigen Sie, Ihr Alexander-Graham-Bell-Kopfhörer.« – »Entschuldigen Sie, wir haben hier diese zollfreien, vergoldeten Geleebonbons.« – »Hier Ihr ganz persönlicher Teddybär.«[*]

Jetzt haben sie einen neuen Trick. Computer haben den Service »persönlicher« gemacht. Unterbewusste Namensschilder wurden elektronisch in die Gehirne der Flugbegleiter eingeprägt. »Entschuldigen Sie, Herr Mintzberg, Ihr Château Chirac 1943.« – »Noch etwas Käse, Herr Mintzberg?« – »Ihr Malbuch, Herr Mintzberg.« Ruhe und Frie-

---

[*] Da Sie vielleicht schon den Eindruck haben, dass ich zu leichter Übertreibung neige, lassen Sie mich nur sagen, dass ich am allerwenigsten übertreibe, wenn ich es am meisten zu tun scheine. Geschichten über das Fliegen haben Übertreibung nicht nötig. Eine Werbekampagne von Kritisch Airways zeigte einen Erwachsenenkopf auf einem Kinderkörper, der sich mit einem Teddy an seiner Seite in einen riesigen Sitz drückte. Das sind Sie und ich in der Vorstellung eines Marketingmanagers.

den, Herr Mintzberg? Nein, für Herrn Mintzberg gibt es keine Ruhe und keinen Frieden. Sie herrmintzbergen mich zu Tode. Eines Tages werde ich als »Herr Esel« buchen.

Warum lassen sie mich nicht einfach in Ruhe? Einmal stellte ich diese Frage einer Flugbegleiterin von Air Keinerda, die sich auf ihrem Freiflug nach Hause befand. Sie antwortete sehr höflich (obwohl sie sich weigerte, mir *meine* Armlehne zurückzugeben). »Aber uns wird gesagt, dass wir das tun sollen«, verteidigte sie sich. »Es wird ›looping‹ genannt.«

»Looping«, jemanden umschlingen! Sie haben einen Namen dafür. Ich wurde all die Jahre geloopt und eingewickelt. Ich wette, ich könnte sie wegen Verletzung der Privatsphäre verklagen. Irgendwo jenseits dieser Welt der freien Meinungsäußerung muss es eine Zuflucht vor den Äußerungen anderer geben.

Stellen Sie sich einmal vor, wie vollkommen erwachsene Menschen in ihren Büros sitzen und sich so etwas ausdenken: zuerst ein Drink, als Nächstes Kopfhörer, dann Nüsse. Bloß die Nüsse nicht vergessen. Es folgen die echten Drinks. Mehr Nüsse. Dann die Menüs (taube Nüsse) … Und *diese Leute* nennen es einen »Freiflug«, wenn ihre armen Flugbegleiter einfach nur nach Hause wollen?

Ich fragte Louis nach dem »looping«. Louis ist Marketingprofessor an unserer Uni und arbeitete früher für Air Keinerda. »Aber die Passagiere mögen das ›looping‹«, jammerte Louis. »Es gibt alle möglichen Marktstudien, die das beweisen.« (Auf *Marktforschung* kommen wir später noch zu sprechen.) Aber wie viel »looping« wollen sie, Louis? Ich meine, ist das Verlangen danach so wie das nach Glück –

unstillbar? Wo hört das Einwickeln auf und wo beginnt die Belästigung?

Noch genauer: Wo hört das Management auf und wo fängt das Denken an? Das ständige Umsorgen ist vielleicht eine großartige Idee für die Wartungsabteilung. Da gibt es Maschinen, zerbrechliche Wesen, die zärtlichste Fürsorge brauchen. Aber wir hier oben am Himmel sind, ohne dass sie es auch nur ahnen, wirkliche Menschen. Hey, Leute, wir leben und atmen hier oben. Oder versuchen es jedenfalls. Macht mal 'ne Pause!

Schaut mal, ich habe eine Idee: Behandelt mich wie Frachtgut. Habt ihr dafür nicht euer Marketing – um mich als Frachtgut zu betrachten? Also warum könnt ihr mich dann nicht auch so behandeln? Ihr wisst schon, schafft mich einfach ohne Beschädigung von A nach B. Warum kann man uns Passagieren nicht diesen Respekt zollen?

Es gibt einen kleinen Witz über einen Mann, der zu seiner Frau sagt: »Wenn du mich nicht in Ruhe lässt, suche ich mir eine andere, die das macht.« Gebt Acht, Fluglinien!

4
Voll geschröpft

Dieses Kapitel demonstriert den Einsatz von Technik —
bei Preisgebung und Allianzenbildung. Das Ziel ist Objek-
tivität, der traktierte Gegenstand die Menschheit. Technik
ist etwas, was man anstelle des Gehirns benutzen kann.
Techniken sind im Management sehr beliebt.

Warum Päppelklasse fliegen? Wenn nicht wegen
des Einwickelns, warum dann? Das Essen, meinen
Sie? Darauf kommen wir noch früh genug. Der Status?
Nur weil Wärschön Airways sie »Upper Class« nennt,
»Oberschicht«, und Air Keinerda »Executive First«, also
»erste Managerklasse«? Ist es der Platz — die Tatsache, dass
die Armlehnen mehrere Meter breit sind? Glauben Sie
etwa, Sie bekämen deshalb eine gute Nachtruhe? Darauf
kommen wir auch noch. Oder um die akrobatischen Verrenkungen zu vermeiden? Wenn der Typ vor Ihnen erst
einmal seinen Sitz um 196 Grad nach hinten gekippt und
die Frau neben Ihnen ihren Fernseher auf 87 Grad
gedreht hat, können Sie sich nur noch zurücklehnen
und von den Wundern der Sardinenklasse träumen (wo

es weder persönliche Fernseher noch verstellbare Sitze gibt).

In der Zwischenzeit lautet die brennende Frage: Wie viel kostet diese besondere »gute Nachtruhe«?

Tatsächlich nicht viel. Ist Ihnen je aufgefallen, dass ein Päppelklasse-Ticket nur drei Mark mehr kostet als eins der Sardinenklasse? Nun gut, ich meine im Vergleich zur Sardinenklasse in Form der so genannten »Vollpreisklasse«, die man besser »Vollschröpfklasse« nennen sollte. Alice sagt, diese Klasse ist die perfekte Einführung in das Wunderland der Fluglinienpreisgebung.

Vollschröpfklasse ist ein Tarif, der besonders für Menschen entwickelt wurde, die plötzlich einen entfernten Verwandten verloren haben. Wer sonst würde sie kaufen? Wenn Sie über eine Samstagnacht bleiben, um vier Uhr morgens fliegen, einen Kumpel im Reisebüro haben oder versprechen, still zu sitzen, wenn Sie also so ziemlich alles unternehmen außer zu behaupten, dass ihr Familienkampfhund gestern gestorben ist – bekommen Sie einen Rabatt.*

Und zwar einen echten Rabatt! Nur gut, dass der arme Kerl ohne den Kampfhund zu erschüttert ist, um mit den Nachbarn zu sprechen, weil er dabei entdecken könnte, dass er mehr zahlen musste als sie. Ich meine, mehr als *alle* anderen durch die Bank. Da sitzt er und kämpft um eine

---

* Manche Fluglinien geben tatsächlich auch Rabatt, wenn entfernte Verwandte gestorben sind. Aber nur, wenn diese lediglich im Hinblick auf die Entfernung entfernt sind. Und viele sagen den Passagieren vor dem Abflug nicht, wie viel sie einsparen, und vermehren so noch deren Sorgen. Die »mitfühlende Erstattung« kommt später. Sie kann von beinahe nichts bis zu über 50 Prozent reichen – was den Preis von »absurd hoch« auf »empörend« senkt. Daher bedenke recht, wer stirbt und wo.

Armlehne — mit der Nichte eines Reisebürobesitzers, deren Ticket mit der Kommission auf seins gekauft wurde. Sie hätte auch in Peenemünde ins Kino gehen können. Stattdessen entschied sie sich dafür, Paris zu besuchen. Damit Sie nicht denken, ich würde übertreiben, lasse ich mal ein paar echte Zahlen sprechen. Sie beweisen zweifelsfrei, dass ich weit weniger übertreibe als die Fluggesellschaften selbst.

Von Montreal nach Paris und zurück (Air Keinerda)

Päppelklasse	DM 6512
Vollschröpfklasse	DM 5308
günstigste Sardinenklasse	DM 1144

Chartermaschinen sind billiger; die Ticketverkäufe höher

Vergleichen Sie die Päppelklasse mit der Sardinenklasse: Dasselbe Flugzeug, dieselbe Route, dieselbe Luft (nur weniger), der sechsfache Preis (obwohl man allerdings für das zusätzliche Geld einige Sekunden früher ankommt).

O.K., also das Essen ist besser. Nicht gut, nur besser. Hören Sie: Ich kann von Prag nach London und zurück für 1514 Mark fliegen, Päppelklasse, große Fluglinie. Oder ich kann von Prag nach London und zurück für 254 Mark fliegen, mit einer kleinen Fluggesellschaft und in der Nichtschröpfklasse. Zwei Mahlzeiten — *diese* Mahlzeiten — plus Erdnüsse für 1260 Mark. Sie haben die Wahl.

Was soll also der Kerl ohne Pitbull machen? Keine Panik: Er bleibt einfach zu Hause. Auf diese Weise kann er für das gleiche Geld mehr Zeit mit seiner trauernden Familie verbringen. 126 Stunden, 22 Minuten und

51,4 Sekunden, um genau zu sein – am Telefon. Und obendrein kann er dabei noch seine Beine ausstrecken.

Nun bekommen Sie also langsam eine Vorstellung davon, was diese gute Nachtruhe in der Päppelklasse wirklich kostet. Ziemlich teuer, um nur in Ruhe dazusitzen. Aber wo liegt der Witz, zur Oberschicht der Flugwelt zu gehören, wenn man für die Tausende von Mark nicht einmal ein paar Stunden Schlaf bekommt?

Und wir sind noch nicht fertig! Was halten Sie davon: Wenn Sie Ihre Freizeit damit verbringen, die Reden von Fluglinienmanagern zu lesen, wird Ihnen aufgefallen sein, dass dies das Zeitalter des Wettbewerbs ist: harter Wettbewerb, turbulente Märkte, die Schrecken der Deregulierung. Wie können die Fluglinien damit nur fertig werden? Leicht. Waren Sie jemals im Ferienlager und haben im See gebadet? Vielleicht haben auch Sie erlebt, dass jeder beim Ertönen der Pfeife seinen Kumpel suchen, bei der Hand fassen und sie hochhalten musste, um zu zeigen, dass er oder sie nicht ertrunken war? Nun, die Fluggesellschaften haben in den letzten Jahren etwas ganz Ähnliches gemacht. Nur dass bei ihnen das Händchenhochhalten bedeutet, dass sie in schwarzer Tinte schwimmen statt in roter zu ersaufen.

In diesem Geschäft heißen die Kumpel »Partner«. Wenn die Partner in einem sehr großen Kreis stehen, sodass Sie ihre Hände auf dem ganzen Globus hochhalten können, nennt man das eine »Allianz«. Eine Allianz ist wie eine Clique. Sie wissen, eine Gruppe von »besten Freunden«, die regelmäßig zusammenhocken. Diese Cliquen streifen nicht durch die Straßen, sie streifen über den Himmel. Ihre Mitglieder haben die gleichen Reservierungssysteme, sie gehen zusammen Triebwerke kaufen, kombinieren ihre Bonusmeilen und solche Sachen. Das macht den Globus zu einem sicheren Ort für die großen Jungs.

Manchmal teilen sie sich sogar Flugzeuge und Passagiere. Man weiß nie, in wessen Flugzeug man sich wiederfindet (oder nicht wiederfindet, wenn Sie Ihr Ticket korrekt gelesen haben und zum falschen Terminal gegangen sind). So haben Sie also German Luftfeder gebucht und landen bei Austrian Bleifeder. »Aber die Werbung sagt, dass Luftfeder eine lockere Art hat«, protestieren Sie. »Ich brauche die solide Freundschaft nicht, die Bleifeder verspricht. Ich habe einmal einen Marketinglehrgang gemacht. Dort sagte man mir, das Markenimage sei wichtig. Daher lese ich jede Werbung peinlich genau und suche mir dann die Anbieter mit äußerster Sorgfalt aus.« – »Kann ich Ihren Pass sehen?«, erhalten Sie zur Antwort. Sehen Sie, wenn dass alles ist, was diese Leute selbst von ihren Marken halten, was sollen wir dann erst von ihnen denken? Und, schlimmer noch: Was müssen diese Leute von uns denken, wenn sie uns beiläufig von einer Fluglinie zur anderen schieben?

Nehmen wir einmal Folgendes an: Ich mache eine kleine Reise nach Tierra del Fuego und bin ein großer Angsthase. Zwei Fluglinien bieten Flüge an: Air Brisant und Air Brise. Weil ich mich gewissenhaft informiert habe, weiß ich, dass Air Brise die bessere Unfallstatistik hat. Also buche ich dort. Aber Air Brise teilt weder mir noch meinem Ticket mit, dass ich in den Air-Brisant-Flug gesteckt werde. Bei der Landung platzt ein Reifen und wir kommen von der Landebahn ab. Dabei breche ich mir den linken kleinen Finger. Als ich die Rutsche hinuntersause, entdecke ich, in welchem Flug ich saß … Stellen Sie sich vor, welchen Spaß Rechtsanwälte mit dieser Geschichte haben könnten.

Wenn Sie in jüngster Zeit die Preise verfolgt haben, wird Ihnen noch etwas höchst Interessantes aufgefallen sein: Die Preise sind abgestürzt. Das ist das Ergebnis des Wettbewerbs, dieser knallharten Konkurrenz, von der Sie gelesen haben. Tatsächlich hat jede Fluglinie einen hinterhältigen Wettbewerber, gegen den sie mit aller Gewalt konkurriert: sich selbst.

Dieses Konkurrieren wird »Ertragsmanagement« genannt. Ertragsmanagement ist eine der *Techniken*, die man anstelle des Gehirns benutzen kann. Solche Techniken werden von Eierköpfen entwickelt. Stellen Sie sich Ertragsmanagement als Hightech-Skalpieren vor. Nur dass es in diesem Fall das Ziel der Fluglinien ist, sich selbst die Kopfhaut abzuziehen. Der Zweck besteht darin, jeden einzelnen Sitzplatz zu füllen – um jeden Preis.

Sobald ein leerer Platz auftaucht, beginnt der Ausverkauf, denn kein Sitzplatz darf unbesetzt bleiben. Wenn also das Flugzeug schließlich abhebt, kann es durchaus sein, dass 479 Sitzplätze zu 479 verschiedenen Preisen verkauft wurden, von 4,79 bis 47 900 Mark. Ich hörte eine Geschichte von einem Jungen, der einem Fluglinienmitarbeiter in Idaho Blumen auslieferte. Von dem Trinkgeld flog er nach Indien.

Aber das sind alles kleine Fische. Wenn diese Leute wirklich ihr armes, altes Kerngeschäft in Ordnung bringen wollen, habe ich eine Idee, mit der sie Milliarden einsparen können. Vielleicht geben sie ein paar Pfennig davon an uns weiter. Eine kleine Geschichte wird das verdeutlichen.

Neulich buchte ich einen Platz in der Oper und rief dort nach der Aufführung an. »Ich hatte gleichzeitig auch einen Platz für das Ballett gebucht«, sagte ich, »und war nicht in der Stimmung, in die Oper zu gehen.« – »Kein Problem«, antwortete man mir. »Machen Sie das ruhig wieder. Wir danken für Ihr Geld und besonders dafür, dass wir nicht Ihr Popcorn auffegen mussten.« – »Hey, Moment mal«, rief ich. »Sie behalten mein Geld? Bei Ihnen gibt es ja noch nicht einmal Meilen für häufige Opernbesuche.«

Das gleiche Problem taucht auf, wenn ich ein Hotelzimmer buche. Man erwartet doch wirklich, dass ich aufkreuze! Nicht einmal bei der Bahn komme ich damit durch. Also warum lassen Fluggesellschaften mich nach Herzenslust buchen, zumindest für die Vollschröpfklasse und höher, ohne dass ich ein Ticket kaufen und wirklich fliegen muss? Ganz einfach: Das machen sie alles nur für mich. Eine andere Form von *Kundenservice*. Wenn ich nach Come by Chance, Neufundland, fliegen muss, kann ich neun Plätze auf jeder der acht Fluglinien zu sieben verschiedenen Zeiten buchen. Suchen Sie mir was aus.

Da gibt es nur ein paar nebensächliche Details. Ich kann nicht einmal die Hälfte der Reservierungen einlösen, die ich nicht wahrnehme, weil alle anderen das Gleiche tun. Tatsächlich *muss* ich deshalb so viele Plätze buchen, weil alle anderen auch so viele Plätze reservieren. So kommt es zu einer Überbuchung, und viele Buchungen platzen: Je mehr Buchungen aber die Fluggesellschaften platzen lassen, desto mehr müssen wir Passagiere buchen. Der Kreis ist wirklich teuflisch. Wie Sie sehen, schröpfen wir uns selbst, wir armen Passagiere.

Ich möchte eigentlich mit dem Nachtexpress von Air Newfie fliegen. Aber er ist ausgebucht. Ich kann eine Buchung nicht riskieren, auch wenn ich weiß, dass er halb leer sein wird. Also habe ich mich für Air Kannsein am Mittag entschlossen, nachdem ich mein Treffen umgelegt habe. Mal sehen, das Treffen endet wahrscheinlich um 9 Uhr 15 und es sind 15 Minuten zum Flugplatz, sodass ich den Zwölfuhrflug erwischen müsste, das Herdentreiben eingerechnet. Ich mache lieber noch ein oder zwei Sicherheitsbuchungen: für die Maschine um 12 Uhr 15 und die um 12 Uhr 30. Auch für die um 12 Uhr 45. Nur für den Fall. Aber ich muss vorsichtig sein: Die Kerle könnten Computer haben. Sie könnten meine Buchungen vergleichen und alle meine Reservierungen streichen. Computer sind clever; ich muss also noch cleverer sein. Ich weiß schon, ich werde einen Flug unter »Herr Esel«, einen anderen unter »Herr Esell«, einen dritten unter »Herr Essel« und schließlich einen als »Herr Erzesel« buchen. Wenn man mir nicht glaubt, dass ich das bin, kann ich immer noch behaupten, der Esel am Telefon hätte meinen Namen falsch geschrieben.

Lange Schlangen. Ich renne um 12 Uhr 28 zum Flugsteig. Darf den Zwölfuhrdreißiger nicht verpassen, oder ich muss auf den Zwölfuhrfünfundvierziger warten. Kein Problem, sagt man mir. Der Flug um 12 Uhr 30 wird nicht vor 14 Uhr 30 abfliegen. Es wird ein bisschen umdisponiert. Überbuchung, Sie verstehen.

»Beruhigen Sie sich bitte, meine Herrschaften«, höre ich. »Dies ist ein Flughafen, hier hat alles seine Ordnung. Sie warten darauf, – möglicherweise – zu fliegen. Was um Himmels willen sollte Sie also beunruhigen? Viele von

Ihnen werden auf den nächsten verfügbaren Flug warten müssen — am Freitag. Was die wenigen Glücklichen mit Bordkarten betrifft: Wir bieten als Kompensation dafür, dass Sie nächste Woche fliegen, eine zusätzliche Exkursion ins Treibeis, wo Sie die armen Seerobben streicheln können. Passagiere und Seerobben verstehen einander. Wir haben hier Dutzende von Mitarbeitern, die keine andere Aufgabe haben, als sich um all dies zu kümmern.«

Ich schlendere zu den Fluglinienschaltern. »Mein Name ist Esel«, iahe ich hochnäsig. »Ich fliege viel.« — »Ja, das wissen wir«, antwortet man. »Wir haben gehört, Sie schreiben ein Buch über das Fliegen, Herr Esel [unverschämterweise sprechen sie das zweite *e* kurz aus]. Wir haben Sie auf nächsten Monat umgebucht. Dafür bekommen sie einen Freiflug nach Harbour Harbour, Neufundland. Eine ganze Woche. Keine Entschädigung. Es sei denn, Sie ziehen zwei Wochen Toronto vor.« Ihr Computer weiß, dass ich aus Montreal stamme.

»Das ist unerhört«, protestiere ich. »Sie sehen meine gutgläubige Buchung ja direkt vor Ihnen auf dem Bildschirm. Der Esel, der sie entgegengenommen hat, hat sogar meinen Namen falsch geschrieben. Wie können Sie es wagen, *meinen Platz — meinen ganz persönlichen Platz —* irgendeinem Fremden zu geben? Und wo wir schon dabei sind, lassen Sie mich Ihnen sagen, dass Ihre Preise unverschämt sind. Nun sehen Sie sich bloß all die Leute an, die Sie brauchen, um die Umbuchungen auszuhandeln. Alles nur, weil *Sie* überbucht haben. Wenn *Sie meinen* Platz für *mich* reserviert hätten, würden Sie diese ganzen Leute nicht benötigen. Denken Sie nur mal an all das Geld, dass *wir* dann sparen würden. Das nächste Mal, wenn ich nach Neufund-

land will, nehme ich den Zug. Oder noch besser, ich bleibe zu Hause und gehe in die Oper. *Die* geben *meinen* Platz nie einem anderen. Schreiben Sie sich das hinter die Ohren!«

Sie hätten sehen sollen, wie die Ticketverkäufer zitterten. Nicht nur, weil ich so Furcht einflößend bin. Sie zittern vom ersten Tag an, an dem sie ihren Job antreten. Sie hören nie auf zu zittern, bis sie ins Krankenhaus oder die Irrenanstalt eingeliefert werden und neue Ticketverkäufer ihren Platz einnehmen. Aber Air Kannsein kümmert das nicht. Daheim im Hauptquartier ist alles vollkommen ruhig. Im Sitzungsraum des Vorstands gibt es keine Überbuchungen; da gibt's für jeden einen Platz.

Also wie nur (so fragen Sie sich nun hoffentlich) konnten die cleveren Fluglinienbetreiber sich in einen solchen Schlamassel bringen: Vielfachreservierungen, überbuchte Flüge, leere reservierte Plätze, verspätete Flüge, zusätzliches Abfertigungspersonal, beunruhigte Fluggäste, Verhandlungen in letzter Minute, kostenlose Ersatzflüge, Schrecken erregende Esel, zitternde Angestellte und Nervenzusammenbrüche, ganz zu schweigen von Bordkarten, die im Papierkorb landen? Ich überlasse es Ihnen, sich einen Reim darauf zu machen. (Ein kleiner Tipp: Lesen Sie Kapitel 1-3, 4, 5-11 und 14-15.) Aber es gibt eine Lösung: Man ersetze all die Finanzfüchse, die Fluglinien betreiben, durch Leute, die schon wirkliche Unternehmen geführt haben: Opernhäuser zum Beispiel.

5
Bestechungspunkte

Jetzt beschäftigen wir uns mit Kundenloyalität. Zuerst müssen Sie verstehen, wer Ihre Kunden sind – nicht die, die bezahlen, sondern die, die andere dazu bringen zu bezahlen. Dann müssen sie diesen Leuten Loyalität einflößen, ein verzwicktes Geschäft, wenn Sie gerade Ihren Markennamen ruiniert haben. Aber denken Sie einmal zurück, an Weihnachten und die Flasche guten Weines ...

Wir sind mit der Preisgebung noch nicht ganz fertig, denn wir dürfen nicht die Punkte für Vielflieger vergessen, die »Meilen«. Aber das ist kein Problem: Wir werden auf Schritt und Tritt an sie erinnert. Kaum ist man aus einem Flugzeug gestiegen, überschlagen sich die Fluggesellschaften in ihren Werbebriefen, um Sie in ein anderes zu kriegen. Man sollte meinen, sie wären klug genug, sich nicht zu melden – oder Ihnen wenigstens eine Zugfahrt anzubieten.

Aber nein. Neulich schrieb mir Barbara. »Lieber Herr Mintzberg«, begann sie liebenswürdig. »Wir sind ein bisschen ratlos. Einerseits wissen wir, dass Sie den Komfort und das hohe Maß an persönlichem Service genießen, wenn Sie Kritisch Airways fliegen. [Barbara hatte noch keine Gelegenheit, dieses Buch zu lesen.] Andererseits können wir uns nicht erklären, warum Sie nicht mit Kritisch Airways über den Atlantik fliegen.« Sie müssen es sich so vorstellen, Barbara: Ich bin in letzter Zeit einfach nicht nach London geflogen und weigere mich, über London nach Paris zu fliegen, nur um euer britisches Essen zu genießen.

Aber ich glaube, Barbara hat es nicht verstanden, denn sie bot mir — ja, *mir* — »**Doppelte Meilen auf Kritisch Airways**« an, »**über den Atlantik und auf der ganzen Welt!**« (Barbaras **Fettdruck**.) Juhuuuh! »Es ist fast nicht zu glauben!«, stand auf der sehr teuren Begleitkarte. Fast.

Aber vielleicht verstand mich Barbara ja doch, denn als sie behauptete, sie würde sich »freuen, [mich] bald an Bord begrüßen zu dürfen«, biss ich an. Ich rannte los, um die **doppelten Meilen** nach London und dann nach Paris zu bekommen. Aber wo war Barbara? Ich saß mit dem englischen Essen in der Falle und keine Barbara in Sicht.

Nehmen wir einmal das Punktesammeln genau unter die Lupe. Wann immer jemand versucht, Sie mit Ihrem eigenen Geld zu bestechen, sollten Sie auf der Hut sein. Es ist ein sicheres Zeichen dafür, dass man Ihnen zu viel berechnet. Schließlich muss jemand für all die edlen Werbebriefe bezahlen, für all die Barbaras mit ihrem **Fettgedruckten**, für all die Leute, die nicht ans Telefon gehen und so weiter — ganz zu schweigen von dem kleinen Scherflein, das die Firma am Jahresende als Gewinn verbuchen möchte. Wenn man Ihnen wirklich Geld zurückgeben wollte, glauben Sie nicht, man würde Ihnen einfach einen Scheck ausstellen und es dabei bewenden lassen?

Es muss also etwas anderes dahinterstecken. Für diejenigen von Ihnen, die Business Class fliegen und bekanntermaßen so hochsensibel sind, wird das jetzt ein schrecklicher Schock sein. Also seien Sie bitte gewappnet. *Man besticht Sie gar nicht mit Ihrem eigenen Geld.* Jetzt ist es heraus.

Heute nennt man es Punkte. In einer früheren Inkarnation hieß es »Bestechung«. Heute ist das die übliche Geschäftspraxis, früher war es ein Skandal. Bestechung nannte man es früher, wenn Diskjockeys Geld von Plattenfirmen nahmen, um bestimmte Songs zu spielen. Stellen Sie sich vor: Eine Partei erhält von einer zweiten eine Belohnung dafür, dass sie das Geld einer dritten ausgibt. Das ist, als würde man von einem Lieferanten zu Weihnachten eine Flasche Wein erhalten oder ein paar Mark von einem reichen Ausländer für eine Wahlkampagne. Undenkbar.

So undenkbar, dass sich selbst die Steuerbeamten – durchaus keine Schlafmützen, wenn es darum geht, irgendwo die Hand draufzulegen – scheuen, die Sache anzugehen. Vielleicht deshalb, weil sie selbst auch fliegen, oder weil man von der Business Class einfach besser die Finger lässt.

Nein, warten Sie, so ist das nicht, sagen mir unzählige Leute, die sich auf diese Dinge gut verstehen. Diese Leute haben eine wunderbare Erklärung für die Bestechungspunkte ausgeklügelt. Sie lautet so: Das Fliegen ist so eine Mühsal, es ist so unangenehm, fern der Familie zu sein, die man kaum noch kennt, es ist so bitter, sich in Frankreich zu vergnügen, statt in Finsterwalde das Geschirr zu spülen. Deshalb sind Punkte noch das Wenigste, was man verdient.

Also, ich kann gar nicht verstehen, wie jemand bloß auf die Idee kommen kann, dass Fliegen keinen Spaß macht.

Doch selbst wenn: Wäre diese Welt nicht ein besserer Ort, wenn die armen Vielflieger von ihren Arbeitgebern angemessen entschädigt würden, statt von ihren Fluglinien bestochen zu werden? Auf diese Weise könnten sie wenigstens ihre BMWs gegen anständige Lamborghinis eintauschen. Vielleicht würden sie hin und wieder sogar einen billigeren Flug bei einer anderen Fluggesellschaft finden.

Während ich persönlich noch auf diese Läuterung warte, habe ich, wie Sie sich denken können, Abermillionen von Meilen angehäuft. Aber sie haben mich nicht korrumpiert, ganz einfach deshalb, weil ich nie dazu komme, sie zu nutzen. Ich bin zu sehr mit dem Fliegen beschäftigt – auf Kosten anderer. Nicht, dass die Freiflüge für das Meilensammeln nicht verfügbar wären. Jeder kann sie bekommen, der seinen Urlaub drei Jahre im Voraus plant und sich für Nowosibirsk im November entscheidet.

Ich muss gestehen, dass ich es einmal, vor Jahren, doch versucht habe. Ich bat Air Chance um eine winzig kleine Heraufstufung, um nach Indien zu fliegen. Bombay ist weit von Paris entfernt, und da ich über einen Monat bleiben wollte, Jahrzehnte im Voraus buchen konnte und außerdem mit meinem Ticketverkäufer eng befreundet bin, bekam ich ein wirklich gutes Angebot für die Sardinenklasse. Ich hätte kaum ein Taxi nach Versailles finden können, das billiger gewesen wäre. Endlich konnte ich einige dieser »Meilen« oder Punkte nutzen, um da zu sitzen, wo zu sitzen ich mittlerweile hätte gewöhnt sein sollen. Also rief ich Air Chance an.

Air Chance anzurufen ist fast ein Kapitel für sich (das nächste). Schließlich erreichte ich Madame Ekelbein. Sie ist die Schwester der Irrenhausschwester in »Einer flog über das Kuckucksnest«. Ich erzählte ihr von meinem Wunsch, nach Indien zu reisen und wieder einmal da zu sitzen, wo zu sitzen ich schon hätte gewöhnt sein müssen. »Das wird Sie 50 000 Meilen kosten«, sagte sie und fügte dann – ich bin sicher, mit einem hämischen Grinsen – hinzu: »Hinflug.« Ja, und dann noch 50 000 Meilen für den Rückflug, nur um ein paar Stunden in der Päppelklasse von Air Chance zu verbringen. Stellen Sie es sich so vor: Man sagte mir, ich müsse 80 Millionen Meter* fliegen, um in einem ihrer Flugzeuge acht Meter nach vorne zu rücken. Es muss nicht eigens erwähnt werden, dass ich alle meine Air-Chance-Punkte behielt. Aber wofür, kann ich nicht sagen.

Doch, ich kann. Für Kate. Sie war meine Sekretärin, bis sie den Abflug in die Öffentlichkeitsarbeit machte. Kate nutzte meine Punkte mit größter Fröhlichkeit. Die Beschränkungen, wie etwa, Freitag den 13. fliegen zu müssen, machten ihr nichts aus. Kate flog einmal von Montreal nach Bangor in Maine über Detroit, Boston und schließlich Portland. Durch den kleinen Umweg brauchte sie für die nicht einmal 400 Kilometer Luftlinie acht Stunden. Zu Fuß hätte sie es nicht so schnell geschafft.

Während ich all diese Meilen und Punkte anhäufte, rückte ich in der Prestigehierarchie der Großen Fluglinien nach oben. Einst war ich in der Blechklasse. Je mehr ich flog, desto höher stieg ich: von der Bronze- in die Silber- und Goldkategorie, schließlich in die Diamantenklasse. Als

---

* Ich sage Meter, aber Air Chance spricht von »Miles«, selbst wenn einem das Wort auf Französisch die Zunge bricht und Napoleon dem Land vor 200 Jahren das metrische System beschert hat. Kilometer sind zwar kürzer als Meilen, aber was zählt, ist und bleibt, was unter dem Strich herauskommt.

ich von der Gold- in die Diamantenklasse versetzt wurde, schickte man eine Militärkapelle zu meinem Büro, die »Diamonds are a passenger's best friend« spielte, während mir der geifernde Vizepräsident der Fluggesellschaft ein diamantenbesetztes Zertifikat überreichte. Aber im nächsten Jahr machte ich ein oder zwei Reisen weniger, sodass ich den Bus zum Hauptsitz der Fluglinie nehmen, die Hintertreppe hochsteigen und mein diamantenbesetztes Zertifikat der erstbesten Reinigungskraft aushändigen musste.

Das waren die guten alten Tage. Bescheiden. Seither ging es voran. Im ständig eskalierenden Krieg der samtweichen Wörter nennt man heute die Ränge in der Punktehierarchie »Prestige«, »Elite«, »Celebrity«, »Chosen« (die »Erwählten«), »Fat Cat« (die »dicken Katzen« oder wohlversorgten Topmanager), »Top Dog« oder »Chairman's Preferred«, die »erste Wahl des Firmenchefs« (darauf wette ich!). Während die Kategorien feiner und die Übertreibungen gröber wurden, mussten die Marketingleute alle 20 Bände des Oxford English Dictionary nach Wörtern durchkämmen, die sie noch besudeln konnten. Ganz in diesem Stil erhielt ich gerade den folgenden Brief:

Sehr geehrter Herr Esel,

Sie werden begeistert sein, dass Sie durch Ihren letzten Flug von Buda nach Pest von der Majesty- in die Maharadschakategorie aufgestiegen sind. Dadurch erhalten Sie das Privileg, die Zoll- und Einreisekontrolle ganz zu umgehen und in jedes Flugzeug auf einem stilecht geschmückten Elefanten zu reiten. Bitte seien Sie versichert, dass der Elefant auf

dem Platz neben Ihnen untergebracht wird — wir haben ihn darum gebeten, sich so kultiviert wie möglich zu benehmen und ihm eine besonders große kleine weiße Tüte gegeben —, sodass Sie direkt aufsitzen und aus dem Flugzeug reiten können, genau wie Sie mittlerweile zu reiten gewöhnt sind. Sollten Sie Ihrem Punktekonto weitere 80 Millionen Millimeter hinzufügen, gelangen Sie damit in die Pharaokategorie, die Ihnen ermöglicht, stilecht eingesargt in Ihrem Wohnzimmer zu bleiben, während wir alle Orte, an die Sie sich wünschen, direkt zu Ihnen bringen.

Mit glühendem Gruße

Air Image

Ana

B ereit für eine Pause? Wir unterbrechen diese Schmähschrift, um Ihnen *Ana* zu präsentieren, eine kurze
Geschichte, die zeigt, warum ich das Fliegen liebe.

Zwei Schuhe in Sicht. Einer schwarz, glänzend, der andere
braun und schäbig. Kein Söckchen über dem schwarzen
Schuh, ein weißes über dem schäbigen. Nun ja, tatsächlich
leicht grau, zu oft gewaschen. Eine Hose aus schwarzem
Leder, vielleicht ein wenig zu schick, ausgestreckt neben
alten, abgetragenen Jeans. Ohne verstohlenen Seitenblick
nichts weiter zu berichten. Ein Seitenblick. Nicht um das
Geschlecht festzustellen. Das haben bereits alle Beteiligten
getan (das heißt er und hoffentlich Sie, nicht sie).

Sie liest ein Buch auf Spanisch, unterstreicht darin wie wild.
Welches spanische Buch sollte so interessant sein können? Er
kritzelt wie verrückt, eine Geschichte über den Anblick eines
Paars Schuhe. ¡Das ist interessant! Immer noch kein Gesicht
deutlich erkennbar. Aber immer noch die Spannung.

Start. Weitere Seitenblicke. Sie schiebt eine ausgefallene
Metallklammer auf die Seite und schließt das Buch. Er hatte
es Jahrzehnte zuvor mit so einer Klammer versucht – als sie
wahrscheinlich noch nicht einmal in den Windeln lag –, aber

die Seite riss immer ein. Dann rollt sie sich auf die andere Seite und schläft. Aha, müde, wahrscheinlich traurig. Oder vielleicht nur lange aufgeblieben, um einen blöden Spätfilm zu sehen.

Er hört auf zu schreiben – oder beabsichtigt es zumindest, nachdem er diesen Satz beendet hat –, um aus seiner Tasche geeignetes Papier zu holen. Besser, als auf der Rückseite einer anderen Geschichte zu schreiben.

Erledigt. Vor- und zurückmanövriert. Aus diesem Winkel hat sich ein Strumpf gezeigt. Durchsichtig, grau. Könnte das heißen, dass es am Ende doch kein Spätfilm war? Er ist vorsichtig über die ausgestreckten Hosen gestiegen, den glänzenden Schuh, die durchsichtigen Strümpfe. Alles in Reihe 1. Warum fliegt sie übrigens von Toronto nach Montreal in der Business Class? Er hat schließlich eine Entschuldigung. Er kam gerade in der Business Class aus Tokio, daher hat man ihn hier untergebracht. Ach so, vielleicht kommt sie aus Rio. Alles, nur nicht Toronto.

Er hätte liebend gerne gegen ihren Schuh gestoßen. »Oh, tut mir sehr leid. Kommen Sie aus Rio? Welches spanische [O.K., portugiesische] Buch sollte wohl so interessant sein können? Ich schreibe gerade eine Geschichte über uns.« Aber nein, er ist zu höflich. Nun ja, nennen wir es einmal so. Jedenfalls möchte er gar nicht herausfinden, dass es am Ende nur dieser Spätfilm war.

Nun geschieht etwas. Ein Wagen wird vorbeigeschoben, des Schauspiels nicht achtend, das sich hier entfaltet. Er bittet um Wasser. Sie bekommen je eine Schale gemischter Nüsse. Er langt zu. Sie kennen bereits seine Widerstandskraft gegen die Versuchung, zumindest jene, die keine Widerworte gibt. Während er also schlemmt und sich Sorgen macht zuzu-

nehmen, schläft sie, sorgt sich über … Aber das ist es ja
gerade: Worüber macht sie sich Sorgen? Lohnt es sich, dass er
sich darum besorgt? Kann es auch nur entfernt so wichtig sein
wie seine Gewichtszunahme? Mit Gewissheit weiß er zurzeit
nur, dass sie nicht weiß, was ihr an diesem Schälchen entgeht.

Aber was passiert jetzt? Sie regt sich, das ist es, was passiert. Probleme in Rio? Sie schläft wieder ein. Aber nein, sie
ist wach. Versucht eine Nuss. Gähnt. Noch eine Nuss. Kann
offenbar auch keiner Versuchung widerstehen. Bittet um Wasser, in normalen Englisch, wie es scheint. So viel zu Rio.
Hamilton wahrscheinlich.

Sie trinken ihr jeweiliges Wasser. Ein großer Diamant erscheint an ihrem kleinen Finger. Nicht ganz sein Typ Frau.
Genau besehen passen die Lederhosen nicht richtig zu Englisch.

Er steht kurz davor, endlich eine Unterhaltung vom Zaun
zu brechen (»Sind Sie aus Montreal?« – wie originell), als sie
zum Flugzeugmagazin greift. Jetzt kann er sie nicht unterbrechen. Moment mal, Leute aus Hamilton lesen gewöhnlich
kein Spanisch, schon gar nicht Portugiesisch. Sie lesen Flug-
zeugmagazine.

Sie legt es weg. Besser, sich irgendwie zu beschäftigen – das
Flugzeug befindet sich im Sinkflug. »Schon lange kalt hier?«,
fragt er. (Also das ist geschickt!) Er erhält ein benommenes
»Wie bitte?« zur Antwort. Dann wird ihr die ganze Tiefe der
Frage bewusst. »Tut mir leid, das weiß ich nicht. Ich bin nicht
von hier.« Ihr Englisch hat einen Akzent. »Woher kommen
Sie?« – »Brasilien«, antwortet sie. Kein Witz, sie hat gerade
Brasilien gesagt!

Jetzt darf er einen Blick wagen. Sehr hübsch, ein interessantes Gesicht. Ein klarer, direkter Blick. Passt nicht zur

*Hose, zumindest nicht in dieser Hemisphäre. Älter, als beim
ersten, zweiten und dritten Blick gedacht. War damals wahrscheinlich doch schon in den Windeln.*

*Er kann es nicht dabei belassen. »Rio?« – »Nein, Brasi-
lia«, sagt sie. Geschieht ihm recht. Trotzdem erholt er sich:
»Ist es so schlimm, wie man hört?« – »Nein, überhaupt
nicht.« Sie mag Brasilia. Jetzt fliegt das Gespräch. Sie wuchs
in Brasilia auf, eine von den wenigen. Er fragt, warum sie
hergekommen ist und was sie beruflich macht. Muss immer
diese verdammte Frage stellen. Aber dieses Mal klingt die
Antwort komisch: »Ich folge meinem Präsidenten.« – »Ach.«
Doch dann begreift er, welche Banalität sich dahinter verstecken könnte: Nicht schon wieder eine mit einem Wirtschaftsdiplom? Kaum hat er seine Welt der Management-Ausbildung
verlassen, begegnet er wieder jemand mit MBA-Titel (Master
of Business Administration). Aber nein, dieses Mal ist er ge-
rettet. Ihr Präsident leitet keine Firma, sondern Brasilien. Sie
arbeitet als Journalistin für einen großen brasilianischen
Fernsehsender. Der Präsident kommt nach Kanada, sie also
auch.*

*Der Schnee auf dem Boden überrascht sie. Ihn tatsächlich
auch. Ende April sollte es in dieser Hemisphäre Frühling sein.
Aber das Wetter bietet 30 Millionen Kanadiern immer etwas,
worüber man reden kann. Bald gibt sie zu, jedes Wochenende
aus Brasilia nach Rio oder São Paulo zu flüchten. Sie liebt Rio,
sagt sie. Genau, wie er es schon die ganze Zeit vermutet hat:
Ihre Seelen sind tief verwandt. Er verbrachte einmal drei Stunden in Rio, eine Rundfahrt im Taxi zwischen zwei Flügen.
Auch er liebte es. Höchst ungewöhnlicher Zufall. Schicksal.*

*Sie ist müde. Lange Reise. Er erzählt ihr, dass er ein Buch
schreibt,* Wie ich lernte, das Fliegen zu hassen. *Sie sagt, sie*

liest im Flugzeug. Er weiß das bereits. Dann bemerkt sie, dass er wie verrückt kritzelt. »*Was machen Sie?*«*, fragt sie.* »*Ich schreibe eine Geschichte*«*, antwortet er. Hier nun hätte die Konversation eine ernste Wendung nehmen können.* »*Warum müssen Sie jetzt schreiben? Sind Sie unhöflich, uninteressiert oder einfach nur ziemlich merkwürdig?*« *Dann hätte er antworten müssen:* »*Nein, all das nicht gerade. Ich habe kein Gedächtnis. Wenn ich die Unterhaltung nicht sofort aufschreibe, vergesse ich sie. Dürfte ich Sie bitten, etwas langsamer zu sprechen?*« *Doch nein, sie fragt nicht.*

Eine Flugbegleiterin erscheint und beugt sich zu ihnen. Die Dinge nehmen jetzt doch eine ernste Wendung. Offenbar sollten die glänzenden Schuhe die Straßen von Ottawa zieren. Das ist in Kanada schließlich der Ort, wohin ausländische Präsidenten reisen. Sie waren aus Versehen neben den schäbigen gelandet. Jetzt werden Pläne geschmiedet, sie nach Ottawa zu bringen.

»*Montreal ist viel schöner als Ottawa*«*, gibt er zu und bewahrt damit die Aufrichtigkeit ihrer Beziehung. Er widersteht der Versuchung, hinzuzufügen, dass es so ähnlich wie Rio im Vergleich zu Brasilia ist – und dies ist schließlich ein Wochenende. Ihr Präsident kommt erst in ein oder zwei Tagen, räumt sie ein, aber trotzdem möchte sie nach Ottawa.*

Wie er schon immer wusste: Ihm fehlt der Charme. Oder das Glück? Nein, besser: Es fehlt die Zeit. Er hätte sie doch beim Lesen des Flugzeugmagazins unterbrechen sollen. »*Jedenfalls, wenn Sie Ihre Meinung ändern und ich Sie in die Stadt mitnehmen kann, lassen Sie es mich wissen. Meine Tochter holt mich vom Flugplatz ab.*« *Sehen Sie, was für ein lieber Familienvater.*

Die Landung. Wieder die verdammte Flugbegleiterin: »*Wir lassen Sie zuerst aussteigen.*« *Also ist sie mit einem* »*Hat mich gefreut*« *verschwunden. Einfach so.*

Er geht am Transitschalter vorbei. Sie ist in Verhandlungen vertieft. Er wartet auf sein Gepäck, in Gedankenlosigkeit versunken. Die Tochter trifft ein und behauptet, frisch verliebt zu sein.

Dann taucht sie wieder auf, frisch umgebucht. Ein kurzes Wort, eine warme Berührung seines Arms und schon geht sie ihre Taschen suchen. Sie warten beide. Dann kommt ihm eine Idee. (!) Er schreibt seine Privatnummer auf seine Geschäftskarte. Seine Taschen treffen ein, zur gleichen Zeit wie ihre. Er gibt ihr die Karte und geht: »*Wenn Sie irgendein Problem haben, rufen Sie mich an.*« *Besonders, wenn Sie keins haben, denkt er. Sie nimmt die Karte, lächelt liebenswürdig und geht zum Flugsteig. Dann, aus keinem ersichtlichen Grund, dreht sie sich um und ruft zurück:* »*Mein Name ist Ana.*«

6
Fliegen auf Anruf

Nun kommen wir zum Kapitel über Effizienz. *Effizienz ist sehr wichtig. Ohne sie würde es keine Organisationen geben. Durch sie gibt es weniger Organisationen. Dies, weil Effizienzexperten am glücklichsten sind, wenn keine Kosten entstehen, selbst wenn das bedeutet, dass es keine Kunden gibt.*

Erinnern wir uns, dass ich einmal Air Chance wegen der Flugmeilen anrief. Bei einer Fluglinie anzurufen kann das Fliegen im Vergleich wie einen Spaziergang erscheinen lassen.

Ich hatte schließlich tatsächlich eine menschliche Stimme am Hörer – nach beinahe zehn Minuten. Nun ja, so eine Art menschliche Stimme. Die Frau war nicht allzu sehr daran interessiert, wie lange ich gewartet hatte. Solche Wartezeiten gebe es schon seit vier Wochen, sagte sie, als wären sie dadurch gerechtfertigt gewesen. In diesem Moment bekam ich das Anklopfsignal eines anderen Anrufs. »Könnten Sie bitte einen Augenblick warten?«, fragte ich höflich. »Ich habe einen anderen Anrufer in der Leitung.« – »Nein«, erwiderte sie und hängte auf.

Also schrieb ich Air Chance einen Brief. Man antwortete mir umgehend. Computer antworten sofort. Man versicherte mir, dass »sehr viel Planung in die personelle Besetzung des Büros« fließe. »Wir hoffen aufrichtig, dass wir in Zukunft wieder die Ehre haben werden, Sie zu bedienen und unter Beweis stellen zu können, dass diese Erfahrung eine Ausnahme war.« Vier Wochen Ausnahme.

Es wäre kaltherzig gewesen, ein so freundliches Angebot auszuschlagen, also rief ich einige Zeit danach wieder an. Ich lag zu der Zeit krank im Bett und hatte nicht viel anderes zu tun. Warum also nicht die Meilen-Menschen von Air Chance anrufen, damit ich zurückschreiben konnte: »Sie hatten Recht, es waren nur vier Millisekunden.« Nicht ganz. Ich hörte Musik, Stimmen, die mir versicherten, wie sehr sie mich als Kunden schätzten, sogar eine, die sagte: »Wir haben im Moment besonders viel zu tun.« Schließlich eine andere Stimme – an der Elfminutenmarke, kein Witz. »Bitte rufen Sie später noch einmal an«, sagte sie und hängte auf, ohne mir auch nur ein munteres kleines »Ciao!« zu schenken.

Auf Bestrafung versessen, versuchte ich es ein paar Jahre später erneut, aus San Diego. Neue Zeit, neuer Ort, sogar eine neue Ansage. Aber die gleiche Air Chance. »Wir wissen Ihre Geduld sehr zu schätzen«, sagte die Stimme – 30 (dreißig) Mal.

Es hatte sich jedoch etwas verbessert, denn schließlich bekam ich eine echte Stimme ans Telefon – an der 21-Minutenmarke. (Was ich nicht alles für die Forschung tue.) Tatsächlich war sie sehr freundlich. Dafür hatte sich das Warten beinahe gelohnt. Das Aufkommen sei besonders hoch gewesen, erklärte sie, und »ein Haufen Leute kommt nächste Woche von der Schulung zurück«. Puuh. Gott sei Dank habe ich diese Woche angerufen.

Unternehmen machen, wie Sie sich vielleicht erinnern, Fortschritte. Daher nehme ich Sie mit in den ersten Sommer des neuen Jahrtausends, zu einer Art Wiederholung des Jahres 476 n. Chr., als die Hunnen, Vandalen und Goten das Römische Reich überrannten. Jeder, der vor diesem Sommer 2000 das Fliegen liebte, war danach vollständig geheilt.

Air Keinerda hat gerade seinen Erzrivalen geschluckt, um in einem Großteil seines nördlichen Operationsgebietes beinahe eine Monopolstellung zu gewinnen. Die Aktionäre sind begeistert – zumindest jene, die nicht mit Air Keinerda fliegen müssen. Aber *ich* muss mit dieser Fluglinie fliegen und besitze noch nicht einmal ihre Aktien (wie Sie vielleicht schon erraten haben).

Ich finde also heraus, dass meine Tasche es nicht von Frankfurt nach Montreal geschafft hat. So was passiert schon mal. Ich fülle das Formular aus und fahre nach Hause. Das Problem ist, dass ich morgen nach Toronto fliegen muss und für den Flug etwas aus der Tasche brauche, nicht aber die Tasche selbst. Also rufe ich Air Keinerda an. Nach 20 Minuten gebe ich auf und beherzige den Rat, den mir Die Stimme gibt, vor 9 Uhr morgens erneut anzurufen, wenn die Lage ruhiger ist. Mit einem anständigen Jetlag rufe ich um 6 Uhr morgens an. Die Stimme hatte Recht: Ich bekomme wirklich einen Kerl an die Strippe – nach 30 Minuten. »Kein Problem«, sagt der, »wir kennzeichnen Ihre Tasche mit ›aufhalten‹, Sie kommen zur Gepäcktür am Flughafen, bevor Sie fliegen, nehmen dort das Telefon, hauen die Nummer von Air Keinerda in die Tastatur [lieber würde ich Air Keinerda gleich direkt hauen]; wir kommen dann sofort mit Ihrer Tasche, Sie nehmen sich heraus, was Sie brauchen, und dann schicken wir die Tasche, wohin Sie wollen.« Ganz einfach.

Ich stehe vor der besagten Tür und hämmere die Nummer von Air Keinerda ins Telefon. Mein Finger genießt es. Ich nicht so sehr: zehn Minuten und keine Antwort. Ein Kerl kommt vorbei und lacht: »Geht immer noch keiner ran? Ich habe nach zehn Minuten aufgegeben.« Das mache ich auch. Besser, heute das Flugzeug erwischen als das gestrige Gepäck verpassen.

Zwischen den Meetings rufe ich von Toronto aus Santa an (nicht Santa Klaus, den Weihnachtsmann, sondern Santa Rodrigues, meine Assistentin). Sie geht sofort ran. (Wenn Sie irgendwelche Fragen über dieses Buch haben, rufen Sie nicht Santa an. Sie wird Sie monatelang in der Warteschleife hängen lassen.)

»Rette mich«, flehe ich sie an.

»Was ist es diesmal?«

Ich erzähle, dass meine Tasche nicht durchgekommen ist (von meinem Anruf ganz zu schweigen), und bitte sie, das Ding zu beschaffen und alles, was ich benötige, per Kurier nach Toronto zu schicken. Später ruft sie zurück. »Rette mich« muss sie gar nicht mehr sagen. Sie hat nach eineinhalb Stunden am Telefon aufgegeben. (Genau in diesem Moment beginne ich, Air Chance wirklich zu schätzen.) »Ruf den Großen Zampano an«, rate ich ihr. Sie tut es. Dessen Assistentin (die Klaus heißen muss) beschafft blitzschnell meine Tasche. (Hat sie irgendwie Wind von diesem Buch bekommen?)

Tatsächlich ist sich der Oberzampano der Probleme bewusst. Vielleicht, weil seine Fluglinie in den Medien auftaucht, Tag für Tag, Horrorstory für Horrorstory. Meine Geschichte ist im Vergleich dazu nebensächlich. Denn in diesem Sommer der Fluggastunzufriedenheit hat Air Keinerda noch allerlei anderes Gepäck mit sich herumzuschleppen. Wie zum Beispiel einen Vorfall, der durch die Zeitung ging: An Bord einer Maschine aus China waren 16 glückliche Familien, jede mit einem gerade adoptierten Kleinkind – alles sehr kleine, sehr müde und wahrscheinlich stark traumatisierte Mädchen, die über das neue Erlebnis des Fliegens wahrscheinlich nicht allzu erfreut waren. Der Flug dauerte 17 Stunden. Und dann kamen in Toronto vier weitere auf dem Rollfeld hinzu, bevor es jemandem gelang, sie zu einem Flugsteig zu bringen. Und »ach, es tut uns ja so leid«, bekamen sie beim Ausstieg um 2 Uhr morgens zu hören, »die Gepäckpacker sind schon nach Hause gegangen. Melden Sie sich morgen, um die sauberen Windeln abzuholen …« (Warten Sie vor der Tür, liebe Eltern, und hämmern Sie Air Keinerda ins Telefon.)

Verstehen Sie mich nicht falsch. Die Fluggesellschaft hatte ein Problem, also schritt ihr Vorstandsvorsitzender zur Tat – sofort. Er rief eine Truppe von PR-Leuten. So kam auch er in die Medien, Tag für Tag, Versprechen für Versprechen. »Unser 180-Tage-Versprechen«, wiederholte er ein ums andere Mal. Air Keinerda wird seine Probleme in 180 Tagen lösen. »Ich gebe Ihnen mein Wort darauf«, sagte er. Hey super, vielen Dank. Aber warum so eilig? Ein paar Stunden, um die Werbekampagne zu starten, und ein halbes Jahr, um die Probleme zu lösen. Wir warteten auf unserer Gepäck, während er *die Fusion managte*. »Haltet ein, ihr Gepäcklosen«, sagte er uns, »Air Keinerda geht im Februar wieder ans Telefon, wenn Kanada unter einer Pulverschneedecke dahindöst.« Air Keinerda könnte wahrscheinlich seine halbe Belegschaft entlassen und es im Februar immer noch besser machen. Genau betrachtet könnte Air Keinerda all seine Telefonisten feuern und es kaum schlechter machen. Hier haben wir ein Unternehmen vor uns, das *effizient* ist.

Heute ist es die große Mode bei Firmenchefs, sich vor die Kamera zu stellen und uns zu erzählen, wie man die Dinge in Ordnung bringen wird. Vielleicht sollten sie sich lieber still im Hintergrund halten und aufhören, Unheil anzurichten. Selbst wir Passagiere könnten das eine oder andere Problem beheben. Ich zum Beispiel. *Wie ich lernte, das Fliegen zu hassen* soll im Februar erscheinen (oder kommt es jetzt auch erst im April raus?). Sie haben mein Wort darauf. Tatsächlich haben Sie mein Buch! Keine Grund mehr, Santa anzurufen.

Warum also passieren solche Dinge? Telefone sind heute schließlich mit Computern verbunden. Computer sind klug: Sie haben sogar sprechen gelernt. Noch mehr Fortschritt. Wie ich mich nach diesen eineinhalbstündigen Warteschleifen sehne!

• Danke, dass Sie Air Wait angerufen haben. Bitte machen Sie es sich mit einem sehr großen Longdrink in einem sehr weichen Sessel bequem.

PAUSE

• Für die Ansage auf Latein drücken Sie V.
• Für die Ansage auf Englisch drücken Sie £.

PAUSE

- Wenn Sie wegen eines Tickets anrufen, auf dem Ihr Name nicht korrekt geschrieben ist, wählen Sie bitte S C H L E C H B U C H S T A B I E R D.
- Wenn sie wegen der unendlichen Wartezeit auf dieser Leitung anrufen, warten Sie bitte.

... v i e l s p ä t e r

- Danke, dass Sie gewartet haben. Das ist sehr freundlich von Ihnen. Wir hoffen, Sie wissen zu schätzen, dass unsere Zeit so viel wertvoller ist als Ihre.

K E I N E P A U S E

- Während Sie auf uns warten, werden Sie erfreut sein, unsere Werbung zu hören, statt mit Ihren Gedanken allein zu bleiben.

W E R B U N G

- Wenn Sie mit unserem Vorstand sprechen möchten, wählen Sie bitte ⋆.
- Wenn Sie sich über unsere Preise informieren wollen, schlagen Sie bitte auf die #-Taste.
- Wenn Sie eine Beschwerde haben, hämmern Sie !$&@%.

PAUSE

- Wenn Sie trotz allem immer noch eine Nachricht hinterlassen wollen, sprechen Sie bitte nach dem Piepton.

L A N G E P A U S E

- Bitte sprechen Sie nicht, bevor Sie den Piepton gehört haben. Bitte wählen Sie nach Ihrer Nachricht T S C H Ü S S oder hängen Sie einfach auf.

PAUSE

- Piep, Piep, Piep, Piep, Piep, Piep.

LANGE PAUSE

- Piiiiiiiiiiiiiieeeeeeep.
- Hallo, Air Wait? Es tut mir leid, dass ich Sie belästigen muss, aber ...
- Piep. Klick.

Sollten Sie das Glück haben, einen echten Menschen am anderen Ende der Strippe zu erwischen, können Sie all dies überspringen. In diesem Fall werden Sie so etwa das Folgende hören:

- Hallo! Sie sprechen mit Paraphasia Philidenndrum in der Kundenrettungsabteilung. Ich kann Ihren Anruf im Moment gerade nicht, eigentlich niemals, beantworten, aber wenn Sie nach dem Piepton Namen, Rufnummer und die Größe Ihres Bankkontos angeben, werde ich Sie gleich dann zurückrufen, wenn mir danach ist.

Dann folgt eine lange Pause und darauf eine Stimme aus einem tastaturartig geformten Mund. (Die folgende Passage ist echt, so echt wie die Zeit, die ich schon mit dem Warten auf Air Chance und Air Keinerda verbracht

habe. Ich musste drei Mal anrufen, um alles aufzuschreiben.*

- Um das Gespräch zu beenden, drücken Sie 1. (Kann ich nicht einfach auflegen?)
- Um eine andere Nummer einzugeben, wählen Sie 2. (Was, wenn die andere Nummer, die ich eingeben will, nicht 2 ist?)
- Wenn Sie diesem Bearbeiter immer noch eine Nachricht hinterlassen wollen, drücken Sie 3 [P A U S E] oder bleiben Sie einfach am Telefon. (Ach! Darauf wäre ich nie gekommen.)
- Wenn Sie Hilfe brauchen, drücken Sie 0. (Soll das ein Witz sein?)
- Bitte hinterlassen Sie Ihre Nachricht nach dem Ton. (Paraphasia hat mir das bereits gesagt.)
- Drücken Sie nach Ihrer Nachricht die 1. (Leck mich.)
- Piep, Piep, Piep und so weiter Piiiiiieeeeep:
- Hallo, Paraphasia, hier spricht Esel. Hinterlassen Sie sich doch selbst mal eine Nachricht!
- Klick. Ha!

---

* Also gut, zugegeben: Es war der Anschluss von Bruce, den ich anrief, und Bruce arbeitet für eine Business School. Aber immerhin fliegt er sehr oft.

7
»Hier brüllt Ihr Kapitän«

Hier haben wir ein Kapitel über Kommunikation. (Nicht Krach, Kommunikation. Es gibt einen Unterschied – vermutlich.) Heute ist es unbedingt geboten, dass Unternehmen mit ihren Kunden ständig kommunizieren, selbst wenn das bedeutet, sie in den Wahnsinn zu treiben.

Woher wissen wir, dass wir Kundenservice genießen, wenn wir nicht ständig daran erinnert werden? Hier kommen die Ansagen ins Spiel – eine Art von Einwickeln, dem wir in keiner Klasse entkommen können. Denn Ansagen sind so billig. Und außerdem: Was sonst hat ein Flugkapitän zu tun? Mit dem Autopiloten plaudern? Vielleicht ist das also gar nicht so schlecht, denn wir möchten ja nicht, dass man die Piloten wegrationalisiert, oder?

In Zügen beschränkt man sich einfach auf ausliegende Fahrpläne. Aber Fliegen ist eine mündliche Kultur. Da muss alles gesagt werden. Wenn diese Leute Bahnlinien betrieben, würden sie den Lokführern klassischen Gesangsunterricht erteilen, damit sie die Gänge auf und ab laufen könnten, um das alte Lied zu singen: »Die Damen

und Herren mögen sich bequemen / Und von der Klobe-
nutzung Abstand nehmen / Wenn dieser Zug im Bahnhof
hält / Wir lieben Sie …«

Oder wie wär's mit diesem hier, ein wortwörtliches
Zitat einer Ansage von Uncle Sam Airways kurz vor dem
Abflug aus Philadelphia Richtung Montreal. Nach »einigen kurzfristig aufgetretenen Toilettenproblemen, die wir
zu lösen versuchen« (er hätte nicht so persönlich werden
müssen), gab Unser Kapitän »eine weitere kleine Verzöge-
rung« bekannt: »Ein kleiner Bolzen an der Abschlepp-
stange des Schleppers, der uns zurückschiebt, ist gebrochen.
Von der Wartung erfahre ich gerade, dass die Reparatur so
ziemlich genau drei Minuten dauern wird. Es handelt sich
nur um einen kleinen Bolzen, und es kommt immer mal
wieder vor, dass er kaputtgeht. « So wie meine Trommel-
felle, mein Kapitän.

Einmal flog ich nichts ahnend Kritisch Airways von Man-
chester nach Paris, ein Flug, der nicht ganz so lange dauert
wie das Warten in einigen der Warteschlangen vor den Ein-
reiseschaltern des John F. Kennichdie Airport in New York.
Zwischen den Ansagen und den Einwicklungen zählte ich
25 Unterbrechungen – ein Durchschnitt von einer alle drei
Minuten! Divided Airways von San Diego nach Chicago
war nicht ganz so schlimm. Aber das vier Stunden lang mit
bombastischen LAUTsprechern, die direkt auf meine Trom-
melfelle gerichtet waren! Ein ums andere Mal tönte es: »Hier
brüllt Ihr Kapitän …« Als wir schließlich nach Chicago
kamen, waren die Dinger glühend heiß – wie meine Ohren.

Unsere Flugkapitäne sprechen nicht die ganze Zeit. Es
gibt Zeiten, wo sie vollkommen still sind – wie zum Beispiel in jenen Momenten kurz vor der Landung, wenn sie

die Geschwindigkeit vermindern und ein Schrecken ein-
flößendes Dröhnen zu hören ist. »Halten Sie hier nicht
an«, möchte ich dann herausschreien, »was Sie auch tun,
halten Sie hier nicht an!« Doch aus dem Cockpit ver-
nimmt man nicht das leiseste Murmeln.

Im Übrigen jedoch verschlimmert sich das Problem
schlicht. Tatsächlich lässt es sich gerade dadurch jedoch
auch viel leichter beseitigen. Der Trick besteht nicht darin,
die Zahl der Ansagen zu reduzieren, sondern sie – etwas –
zu erhöhen, bis zu jenem Punkt nämlich, wo sie einfach
nicht mehr aufhören. Auf diese Weise wird kein Fluggast je
wieder durch eine Ansage unterbrochen.

Der Zeitpunkt der Ansagen wird heute sorgfältig so
gewählt, dass sie so viele wie möglich von uns Passagieren
aus dem Eindösen schrecken. »Hier brüllt ihr Kapitän aufs
Neue. Sie werden beglückt sein zu hören, dass wir über
Castrop-Rauxel, Nordrhein-Westfalen, fliegen. Wenn Sie
links aus dem Flugzeug schauen, können Sie unter den
Wolken die örtliche Eislaufhalle sehen.«

Man stelle sich nur vor: In der kleinsten Chartermaschine
kann von so einer Ansage nur einer von vier Fluggästen profitieren (um es einmal so auszudrücken), in der
größten Linienmaschine nur einer von zehn. Das reicht
natürlich nicht, damit die ganze Blechdose Schlagseite
bekommt. Erinnern Sie sich an den Fleischklops neben
mir, den mit den Ellbogen? Er hob eine Armlehne und
beugte sich über mich, um besser sehen zu können, wobei
er mich gründlich mit seinem Château Chirac besabberte.
Wenn er nicht größer, härter und kämpferischer als ich
gewesen wäre, hätte ich ihn mit meiner Tüte trockener
Rösterdnüsse geschlagen.

Um alle wach, zerstreut und »gut bedient« zu halten, wiederholt Unser Kapitän jede dieser Ansagen in sieben Sprachen. So kann er/sie mit seiner/ihrer Sprachfähigkeit angeben und sich die Zeit im Cockpit ein bisschen vertreiben. Eine Sprache fehlt allerdings immer, nämlich die zweite Sprache des Landes, in dem die jeweilige Fluglinie ihren Sitz hat, zum Beispiel Katalanisch in Spanien, Französisch in Kanada, Englisch in Australien. Dafür gibt es besondere »ethnische« Besatzungsmitglieder. In Australien ist das jemand, der in Oxford studiert hat.

Sollte diese Person zur lokalen Unabhängigkeitsbewegung gehören, wird er oder sie zum Mikrofon springen und die Ankündigung so schnell und aggressiv wie möglich wiederholen und dabei irgendwo den lokalen Schlachtruf einschmuggeln. Im Falle Australiens sind das die ersten Worte der britischen Nationalhymne »Rule Britannia«. Weniger nationalistische Ethnien beobachten sorgfältig die Fluggäste, und wenn die optimale Zahl von ihnen eingedöst ist, schlendern sie zum Mikrofon und wiederholen das Ganze so laut wie menschenmöglich.

Warum nur, frage ich mich in solchen Momenten immer – wahrscheinlich aus schierer Benommenheit –, hat die zweite Sprache eines Landes immer so viel mehr Wörter als die erste? Oxford-Englisch auf dem Weg nach Australien ist das Schlimmste. »Guten Tag, Ladys und Gentlemen. Wir hoffen inständig, dass Sie Ihre Flugreise genießen. Ihr Flugkapitän freut sich in höchstem Maße, Ihnen mitteilen zu können, dass im Zuge des andauernden Landeanflugs dieses Vehikels das Latex in weniger als einigen Augenblicken auf den Asphalt aufsetzen wird. Wenn Sie daher so freundlich wären, die beiden Enden ihrer

Sicherheitsvorrichtung wieder zusammenzuschließen. (Psssst: Rule Britannia!)« Komisch nur, ich dachte, Unser Kapitän hätte nicht mehr gesagt als: »Achtung, Leute, wir geh'n runter.«

An diesem Punkt muss ich eine kleine Ansage in eigener Sache machen, da es bei allem hier um *Leserservice* geht. Wenn Sie glauben, dass all die kurzen Kapitel nur dazu da sind, dieses Pamphlet in die Länge zu ziehen, damit es wie ein richtiges Buch aussieht, haben sie leider Unrecht. Sie sind so kurz, damit Sie jedes Kapitel zwischen den Ansagen lesen können. Aber bitte lesen Sie schnell.

8
Die Gefahren von Australienflügen

*Jedes Buch über Management muss der GLOBALISIE-
RUNG Anerkennung zollen, jener Doktrin, dass die Erde
rund ist und es alle möglichen Leute auf der anderen Seite
gibt, die so sind wie wir – selbst wenn sie komisch sprechen.*

*W*illkommen in Neuseeland, ist die übliche Begrü-
ßung der Piloten auf der Erdrückseite, *bitte stellen
Sie Ihre Uhren acht Stunden und Ihr Leben 25 Jahre zurück.*
Das klang gut in meinen Ohren, selbst auf Neusee-Eng-
lisch. Also lud ich meine Tochter Lisa ein, mich zu be-
gleiten.

Aber was musste das arme Mädchen nicht alles durch-
machen, bis wir dort ankamen. Zehn Mal hoch und runter. Hoch in Montreal, runter in Ottawa, hoch in Ottawa,
runter in Calgary, hoch in Calgary, runter in Los Angeles,
hoch in Los Angeles, runter in Honolulu, hoch in Honolulu, runter in (toll) Auckland. Ich hätte mich gerne auf
einen direkteren Flug gestürzt, um ihr wenigstens den
Zwischenstopp in Calgary zu ersparen. Dafür hätte ich
nur so viel hinblättern müssen, wie eine weitere Ausbil-

dung auf einem amerikanischen College für sie gekostet hätte.

Ach, aber der Rückflug war so viel effizienter. Egal, wie viele Ab- und Landeanflüge, wir kamen immer früher an, als wir abgeflogen waren. Das ist es, was ich am Fliegen liebe, diese kleinen Dinge. All die Stunden im Flugzeug und trotzdem kein bisschen Zeit verloren. Da waren wir also, in Johns Haus in Auckland beim Dinner am Samstagabend. »Schwer zu glauben«, rief ich aus, »dass wir noch an diesem Samstagabend genau um diese Zeit zum Dinner in Dicks Haus in Los Angeles sein werden.«

Aber Lisa wollte nichts davon hören. Bis heute wird sie nicht damit fertig, dass sie auf dem Hinflug einen Tag ihres Lebens verloren hat − ausgelöscht, für immer verloren. »Aber du hast auf dem Rückweg einen neuen bekommen«, mache ich immer wieder geltend, doch ohne Erfolg. »Was, wenn es mein Geburtstag gewesen wäre?«, jammert sie.

Da muss ich Ihnen eine kleine Geschichte erzählen. (Tatsächlich könnte Ihnen aufgefallen sein, dass ich Ihnen über alles eine kleine Geschichte erzählen muss. Seien Sie bitte versichert, dass sie alle wahr sind. Nur die Details sind ausgeschmückt, um die Schuldigen zu brandmarken.) Ich sollte zum ersten Mal nach Australien fliegen. *Sie*, die Aussies, also die australischen Geschäftsleute, die mich eingeladen hatten, ein Seminar zu halten, bezahlten meinen Flug. Sie bekamen mich und ich bekam die Punkte. Zeit für Bestechungspunkte! Ich wollte danach zu Lisa nach Neuseeland fliegen, um mich unter den Kiwis zu vergnügen.

Es war wirklich ganz einfach. Nach San Francisco fliegen, Flugzeuge wechseln und erfrischt nach einem weiteren halben Tag in Sydney ankommen – von dem Tag, den ich dabei in der Stratosphäre verlor, ganz zu schweigen. Ich hatte zwischen den Flügen in San Francisco ein paar Stunden Zeit, also verabredete ich mich mit Robert zum Abendessen.

»Lass mich nur schnell einchecken«, sage ich nichts ahnend zu Robert.»Kann ich bitte Ihren Pass sehen?«, fragt der Kerl von Quantum Airways, der einen Koalabär-Anzug trägt.»Kein Problem, ich vergesse nie meinen Pass.« Schließlich finde ich ihn ganz unten in meiner Tasche. »Wo ist das Visum?«, fragt er. »Visum?«, frage ich zurück. »Visum«, antwortet er zurück. »Aber ich bin Kanadier«, antworte ich auf seine Antwort.»Die Australier sind unsere Freunde. Wir gehören zum selben Commonwealth of Nations. Wir bitten Gott, uns unsere gemeinsame, gnädige Königin zu erhalten.«

»Kanadier brauchen ein Visum, um nach Australien zu fliegen«, erwidert mein Landsmann. »Verdammt, wenn sie eins brauchen, Kumpel«, versetze ich. »Genau«, entgegnet er und fügt hinzu: »Kein Problem. Sie können Montag-morgen zum australischen Konsulat gehen und sich eins besorgen.« – »Aber wir haben Freitagabend«, gebe ich zu bedenken. »Genau«, sagt er, »es hat bis Montagmorgen geschlossen.«

Robert und ich stehen hilflos da. Robert ist Experte für Unternehmensgründung und -strategie und lehrt an der Sitford Business School. »Tu was«, flehe ich ihn an. Also gibt sich Robert alle Mühe, hilfreich dreinzuschauen.

Es funktioniert. Man drückt uns einen Hörer in die Hand mit einem weiteren Quantum-Beschäftigten am anderen Ende, der wahrscheinlich auch einen Koalabär-Anzug

trägt: »Nun«, sagt er, »Sie könnten nach Neuseeland fliegen.« Er versteht mich nicht. »Nach Neuseeland fliegen?
Ich muss nach Australien. Ich weiß, das Land ist voller
Kängurus, aber Neuseeland ist mehr als einen Hopser entfernt.« Aus irgendeinem Grund hat er keinen Sinn für
meinen ausgelassenen Humor. Aber jetzt begreift er es:
»Genau«, sagt er. »Wir können Sie nur in dieses Flugzeug
lassen, wenn Sie auf der Durchreise nach Neuseeland sind.
Andernfalls zahlen wir eine Strafe, weil wir Ihnen erlauben, ohne Visum mitzufliegen.«

Also gehe ich zurück zum Schalter und zeige mein
Flugticket nach Neuseeland. Ha! Nutzlos, sagen sie, Sie
können nicht eine Woche lang auf der Durchreise sein.
Also kaufe ich ein weiteres Ticket nach Neuseeland.
Meine Strategie bei der Ankunft ist einfach. Ich muss meinen Anschlussflug verpassen. Welch ein Genuss! Wenn sie
dann nicht wissen, was sie mit mir machen sollen, werden
sie wohl einfach nachgeben und mir gleich dort ein Visum
ausstellen. Ich muss nur aufpassen, dass mir kein Wort über
Flugzeugansagen in Oxford-Englisch herausrutscht.

Auf dem Flughafen von Sydney trödele ich herum und
schlendere dann gemächlich zum Einreiseschalter. »Entschuldigen Sie, haben Sie etwas Zeit, vielleicht in einer
Stunde oder so? Ich bin mit der Päppelklasse angekommen, was bedeutet, dass ich alle Zeit der Welt habe. Ich
möchte ein kleines Problem mit Ihnen besprechen. Keine
Eile. Es macht riesigen Spaß, sich in der Transithalle aufzuhalten. Das Leben auf der Vorderseite des Globus ist so
hektisch, wissen Sie. Jede Gelegenheit, bei der wir Päppel-
Passagiere uns entspannen können, ist daher hoch willkommen.«

Schließlich lande ich im Büro eines Kerls namens Ekelbein. »Ich kenne Ihre Schwester«, sage ich, in der Hoffnung, einen freundlichen Kontakt herzustellen. »Arbeitet sie nicht bei Air Chance?« – »Kann ich bitte Ihren Pass sehen?«, antwortet er und fügt viel später hinzu: »Er ist ganz unten in Ihrer Tasche, Sie Schafkopf, wie bei allen anderen.« Dann kommt die Frage, die ich befürchtet habe: »Wo ist Ihr Visum?«

»Nun, wissen Sie, das ist das Problem«, sage ich. »Ich glaube, wir müssen Sie sofort nach Neuseeland schicken«, schießt er zurück und spricht dabei die letzten Wörter aus, als lägen sie jenseits der Hölle. Mist. Und ich habe gerade das Flugzeug verpasst. Das Nächste kommt erst in einigen Stunden. In Auckland werde ich bis Montagmorgen warten müssen, um zum australischen Konsulat zu gehen, um dann rechtzeitig zu meinem Seminar am Montagnachmittag zurück zu sein.

Dann geht mir ein Licht auf. Er sagte »ich glaube«. Vielleicht meinte er es so, aber mir kommt eine wahrscheinlichere Erklärung in den Sinn: »Ich hab große Lust, dir eine Lehre zu erteilen, eine, die du nie vergessen wirst.« Als ob das nicht bereits in San Francisco passiert wäre: Schon da wurde mir klar, dass das britische Commonwealth tot war. »Wenn dir der Schrecken bis ins Mark fährt«, dachte sich der Beamte zweifellos, »werde ich so überaus gnädig sein, nachzugeben, damit du nicht nur *glaubst*, sondern *begreifst*, welch wunderbarer Mensch ich bin.«

Glauben Sie, sein »Ich glaube« bedeutete, was ich glaubte? Mein Verdacht bestätigt sich bald. Er verlässt den Raum, und eine andere Beamtin steckt ihren Kopf herein, die keine Verwandtschaft mit den Ekelbeins hat: »Jemand

TRANSIT ▶

hat nach Ihnen gefragt. Ich habe ihr gesagt, dass es nicht mehr lange dauert.« Genau wie ich gedacht hatte!

Schließlich kehrt der Kerl zurück. Ich bleibe völlig ruhig, um ihm seinen Spaß nicht zu verderben, springe nur ein- oder zweimal auf. Dann gibt er plötzlich, wie auf ein Zeichen, nach, erteilt mir ein Visum, erlaubt mir, in Dankbarkeit seine Füße zu küssen, und weg bin ich.

Kurz darauf bemerke ich, dass meine Taschen abgereist sind, um sich unter den Kiwis zu vergnügen. So ist es in Sydney, Australien, wo mein lebenslanger Traum wahr wird: Ich spreche vor einem gefüllten Saal properer Manager in meinen dreckigen Jeans.*

---

* Erinnern Sie sich an den versabberten Château Chirac, Jahrgang 1943?

9
Nun wird's richtig kommerziell

Schließlich kommen wir zum Kapitel aller Kapitel: Marketing! *Trotz ihrer dezenten Bescheidenheit regieren die Marketingleute die Unternehmen, was bedeutet, dass sie die Welt beherrschen. Also passen Sie auf.*

In der Hauptverwaltung einer Fluggesellschaft stieß eines Tages an der Kaviarmaschine ein Finanzmensch mit einem Marketingmenschen zusammen. Solche Begegnungen sind selten und über die Maßen gefährlich. In diesem Fall blieb danach nichts mehr so, wie es vorher gewesen war. Die Zeiten waren hart – ihre Lamborghinis standen kurz davor, durch BMWs ersetzt zu werden –, und so suchte man verzweifelt nach neuen Einnahmequellen. Nachdem sie sich sorgfältig umgeschaut hatten, um sicherzugehen, dass niemand aus der operativen Abteilung zuhörte – das sind Leute, die sich über Fahrwerke und Ähnliches Sorgen machen –, kam ihnen eine Idee. Ja, eine Idee.

»All diese, du weißt schon, wie heißen sie gleich … Passagiere da oben: Die sitzen da alle gefangen, stimmt's? Die

haben so viel Zeit und Geld und keine Gelegenheit, beides zu nutzen. Aber wir können das. Erinnerst du dich, dass sie gestern im Fernsehen diese, wie nennt man das noch gleich … Werbung gezeigt haben. Nun, wir haben da oben ja auch Fernsehen, wenn ich mich recht entsinne – und eins, das keine Taste für die Stummschaltung hat. Dafür haben wir Zeichen zum Anschnallen der Gurte!!«

»Gier Airways freut sich, Ihnen mitteilen zu können, dass die Hotelkette Hohlton und die Autovermietung Auweh unsere Absahnpartner auf der Erde sind. Wir wissen, dass Sie es gar nicht erwarten können, denen Ihr Geld zu geben. Sollten Sie dies in Ihrer Herzensgüte tun, werden wir Ihnen dafür ›Meilen‹ gutschreiben!«

Lassen Sie uns diese Aussage einer kleinen Prüfung unterziehen. Selbst wenn Sie einen Moment lang akzeptieren, dass die Fluglinienleute etwas vom Fliegen verstehen, heißt das, dass sie auch Sachverständige für das Schlafen und Autofahren sind? Natürlich würde mir nicht im Traum einfallen, dass Meine Fluggesellschaft einem anderen Interesse dienen könnte als meinem ureigensten. Sicher hat sie für mich auf dem Erdboden die bestmöglichen Vereinbarungen getroffen. Allein schon deshalb, weil ich hier in der Päppelklasse sitze, weiß sie, wie schrecklich wenig Geld ich habe und wie sorgsam ich die Pfennige anderer Leute ausgebe. Trotzdem drängt sich mir hartnäckig das Gefühl auf, dass ich ein besseres Geschäft machen könnte, wenn ich die erstbeste Reinigungskraft fragen würde.

Aber selbstverständlich willige ich ein, denn ich bin darauf konditioniert zu konsumieren, darauf trainiert teilzunehmen. Hier oben, in der dünnen Luft, kann ich nicht einmal den Unterschied zwischen den Ansagen und der Werbung erkennen. Stellen Sie sich nur einmal vor! Ich bin so verwirrt von dem ganzen Gequassel und Gehökere, dass ich den Vertrag, der all meinen Schlaf und mein Autofahren den Firmen Hohlton und Auweh übereignet, gehorsam unterschreibe, als man ihn mir vorlegt. Aber ich muss zugeben, dass es clever von ihnen war, den Vertrag unter das Einreiseformular zu schieben und zu sagen: »Unterschreiben Sie bitte hier, Herr Esel.« (Wie gewöhnlich schrieb ich alle Angaben in die falschen Kästchen – ich ging nach oben statt nach unten, oder war es umgekehrt? Sie hatten mich trotzdem am Wickel.)

Dann kam der »Warenzoll«. Sie nennen es »zollfreie Waren«, aber ich glaube, die Fluglinien sind insgesamt zu freizügig mit dem Wort »frei«. Die Befreiung von all den Landeszöllen hier oben hat ihnen ermöglicht, all die Gebühren draufzuschlagen, die ihren Aktionären zugute kommen. Und so, wie aus den Piloten Entertainer wurden, haben sich die Flugbegleiter in fliegende Händler verwandelt. Und wie sie es genießen!

Ach, da kommen sie nun, diese neuen Händler, die an die Hausierer von einst erinnern, wenn sie ihre Wagen die Gänge hinunterschieben, bereit, ihren Fusel und ihre Fußballkarten gegen Kamele und Ziegen zu tauschen. Wenn Sie's haben, nehmen die's Ihnen ab. »Für Sie haben wir diese hübsche Golduhr. Genau das Richtige, um die Verspätung des Flugzeugs doppelt zu checken. Ein Schälchen von Villeroy & Blech für Ihre Katze? Wie wäre es mit einem Muff für die junge Dame, verziert mit einem Bild unseres furchtlosen Landesvaters? Und vergessen Sie nicht unsere vergoldeten Geleebonbons.« Die Geschäfte laufen offenbar so gut, dass einige Fluggesellschaften, wie man hört, dabei sind, ihre Sardinenklasse durch einen voll eingerichteten Bazar zu ersetzen.

Doch wenn man den Fluglinien etwas anlasten kann – was ich persönlich nur höchst ungern täte –, dann nicht, dass sie kommerziell sind, sondern noch nicht kommerziell genug. Diese Leute sind kaum ihren Windeln entstiegen – verglichen mit den wirklichen Merchandising-Experten, zum Beispiel dem Internationalen Olympischen Komitee, selbst wenn die Werbefläche auf den Krawatten der Komiteemitglieder immer noch nicht vermietet ist. Hey, hören Sie, wenn Athleten von den Herstellern zuckerhaltiger Getränke gesponsert werden können, dann können Fluggesellschaften doch sicher auch Werbeverträge mit Lebensversicherungen abschließen!

Marketingleute lieben FMCGs. Einige von ihnen wissen sogar, dass die Abkürzung für *Fast Moving Consumer Goods* steht, »schnell bewegliche Konsumgüter«. Also, ich frage Sie: Sektgetränke? Jo-Jos? Wegwerfkugelschreiber? Na los, Freunde, was davon kann es mit einem Flugzeug aufnehmen? Kommt in Gang, Marketingleute!

Beginnen Sie damit, dass Sie die Fluggesellschaften davon überzeugen, dass ihre Branche nicht mehr mit der Beförderung von Menschen zu tun hat als die Olympischen Spiele mit dem Überspringen von Messlatten. Es geht dabei vielmehr um Geld, das heißt um Sex. Und hier haben sich die Fluglinien bislang eine sichere Gelegenheit durch die Lappen gehen lassen. Sehen Sie sich diese Flugzeuge einmal genau an. Was für ein Bild, wie gewinnträchtig, welches *Potenzial*! Bis auf zwei kleine Probleme: die Tragflächen. Die sind unerträglich. Die Flügel müssen weg.

Das Problem ist völlig klar. Die Fluggesellschaften wurden zu lange von ihren operativen Abteilungen mit ihrer Obsession für Fahrwerke und Ähnliches beherrscht. Sogar um die Beförderung von Menschen von einem Ort zum anderen machten die sich Sorgen. Was für eine dumme Idee! Als hätte Kleidung etwas mit Wärme zu tun, Bier mit Rausch, Diamanten mit Bohrköpfen. Die Fluggäste in diesen Blechröhren wie rohe Eier zu behandeln, das ist, als würde man so tun, als hätte Sex etwas mit Fortpflanzung zu tun. Das ist passé! Diese Leute sind Märkte, das ist alles – ausbeutbare Ressourcen für die maximale Aktienrendite. Stellen Sie sich das Potenzial vor, wenn die Flugzeuge in die Hände der Marketingleute kämen. Geben Sie ihnen anschließend die Möglichkeit, die Flügel zu beseitigen und beobachten Sie, wie das Fluglinien-Image in die Luft schießt.

Dann kann der wirkliche Verkauf losgehen. Keine Tickets, Dummkopf: Die müssen die Leute ja sowieso kaufen. Nein, wirkliches Verkaufen. Wie wäre es mit Spielautomaten vor den Toiletten, wo alle warten müssen. Zwischen den Ansagen können die Piloten Auktionen veranstalten – Zusatzausbildung überflüssig. Sie könnten ihre Insignien versteigern, Flugpläne mit Autogramm, Modelle des Fahrwerks in voller Größe. Wie wäre es mit Führungen durch die Tragflächen und Kindern zum Fensterputzen? Ein Bereich der Kabine könnte »Das Cabaret« heißen und den Flugbegleitern Gelegenheit geben, zu singen und zu tanzen. Man könnte CDs mit den Ansagen des Flugkapitäns verkaufen. Warum nicht vakuumverpacktes Fluglinienessen zum Mitnehmen anbieten (aber warum sich überhaupt die Mühe der Vakuumverpackung machen)? Stellen Sie sich Pediküren in der Sardinenklasse vor, um etwas Platz zu gewinnen. Und persönliche kleine weiße Tüten mit Widmung und Wappen des Marketingteams? Wie wir von den Olympia-Leuten gelernt haben, sind die Möglichkeiten unbegrenzt – wie der Himmel.

10
Aufgewärmte Quantität

Hier haben wir ein Kapitel, das sich um QUALITÄT he-rumdrückt. Das Problem mit der Qualität ist, dass sie sich nicht messen lässt – das nennt man Quantität, auch wenn Manager häufig beides durcheinander bringen. Allerdings erkennen wir Qualität, wenn wir ihr begegnen. Außer in der dünnen Atmosphäre von Flugzeugen, wo Quantität das Einzige ist, was man erkennen kann, besonders, wenn es um die Menüs geht. (Beachten Sie, dass dies das bislang längste Kapitel ist.)

So weit, so gut. Aber das auch nur, weil wir bislang noch nicht auf die Mahlzeiten zu sprechen gekommen sind. Also binden Sie sich das Lätzchen um, hier sind sie.

Wir befinden uns (natürlich) in einem Flugzeug. Ich kann mich nicht erinnern, in welchem und ganz gewiss nicht, warum. Ich weiß nur, dass ich weit hinten sitze, am Fenster eingezwängt wie eine Sardine. Das Mittagessen kommt, in süßen kleinen Schachteln. Ich bekomme eine braune – für Fleischfresser. Der Kerl neben mir, der mit den Ellbogen, bekommt eine grüne – für Vegetarier. (Hmmm, vielleicht hole ich mir die Armlehne doch noch zurück.) Er

findet vegetarischen Schinken auf seinem Sandwich, der eigenartigerweise wie mein Fleischfresserschinken aussieht. Also ruft er eine Flugbegleiterin. »Das kann nicht sein«, sagt sie, »die Box ist grün. Es muss vegetarisch sein.« Doch schließlich kann er sie überzeugen, denn zu seinem Glück ist der Schinken noch nicht so grün geworden wie die Box.

Es stimmt schon, wir bekommen nicht immer kleine Schachteln. Auf Flügen, die mehrere Tage dauern, erhalten wir kleine Tabletts. Leute, die nie zuvor geflogen sind, lieben die kleinen Tabletts, weil sie so hübsch anzusehen sind. Das zierliche Besteck, Spielzeugmesserchen und -gabeln, und alles ineinander gesteckt. Außerdem gibt es einen Klecks Vorspeise und ein Häppchen Dessert, beinahe wie bei einem richtigen Menü. Und mittendrin findet sich, ganz eingewickelt, das *pièce de résistance*, der Hauptgang. Ich kann es nicht erwarten, es aus der Folie zu graben.

An der Seite steht ein kleiner, versiegelter Becher Wasser, der in dieser dünnen Luft zu einem einseitig aufgeblasenen Ballon geworden ist. Hey, Fettwanst, pass beim Öffnen auf. Vorsicht! Nein! Nein! … Alles über mein Malbuch. Zu Hause benutze ich meine Ellbogen, wenn ich esse. Zwangsjacken sind in unserem Haus nicht so beliebt. Aber hier ist das Essen ätherisch. Das muss die Art sein, wie Sardinen essen. Ich nehme den ersten Gang in die Hand, ein hübscher kleiner Salat aus zwei oder drei Streifen – ja, grüner – Salatblättchen. Ich entferne die Plastikverpackung. Dann finde ich das Dressing. Nun muss ich den Salat wieder hinstellen. Oha, vorhin passte er doch noch dahin. Ist das vielleicht eine Art Flugzeugpuzzle? Jetzt weiß ich, ich stelle den Wasserbecher in den Kaffeebecher. Hey! Ziemlich gut, oder? Und alles ohne Ellbogen.

Ich öffne das Dressing. Ups! »Tut mir leid.« Geschieht ihm recht – das ist die Strafe dafür, dass er mein Malbuch ertränkt hat. Jetzt verstehe ich, warum man es »Dressing« nennt. Ich nehme wohl besser die Serviette heraus. Ich glaube, sie versteckt sich unter dem Pfeffer. Hoppla! Na ja, die bleibt wohl besser, wo sie ist, sonst schütte ich noch etwas auf meinen Fuß.

Die Gabel erfüllt ihren Zweck – in gewisser Weise. Jetzt zum *pièce de résistance*. Ich kann's nicht erwarten. Ich nehme es in die Hand. Aua, heiß!! Was soll ich machen – schnell? Ich schnappe mir sein Kissen, damit kann ich mein Essen halten; merkt der sowieso nicht. O. K., runter mit der Folie. Oh! Na ja, zumindest ist es nicht grün. Was hat er auf dem Teller? Ich riskiere einen Seitenblick. Diesmal nicht, um das Geschlecht festzustellen. Nichts Hübsches in Sicht. Nur Fisch. Hmmm. Weiß ist er auch nicht gerade. Ich frage mich … Nein, ich bleibe besser bei dem, was ich jetzt sowieso nicht mehr loswerde. Aber ich merke mir den Fisch für das nächste Mal, wenn ich von Wien nach Istanbul fliege.

Mal sehen. Ich muss es einfach nur abstellen. Oha, vorhin passte es doch noch …

Nun ja, Sie wissen, was ich meine. In einem Flugzeug zu essen ist wie »Reise nach Jerusalem« spielen, nur ohne Musik und Stühle. Stattdessen gibt es Teller. Man muss immer einen davon in der Luft halten. Ich bin mittlerweile ein Meister darin, im Schlaf eine leere Dessertschüssel hochzuhalten.

Können Sie sich vorstellen, dass die Fluggesellschaften eigens ausgebildete Mitarbeiter haben, die dafür sorgen, dass das Essen schlecht schmeckt? Ich habe gehört, man nennt sie »Buchhalter«. Ihre Aufgabe kann nicht leicht sein, Nahrungsmittel schmecken schließlich nicht von sich aus so übel. Ich frage mich, ob man beim Fischeinkauf vielleicht die Kriterien anlegt, nach denen man gut abgehangenen Schinken auswählt. Da kommt mir eine Idee: Es sollte Flugzeugessen in den Kantinen der Fluggesellschaften geben – das wäre eine Erfahrung, schlimmer als der To... – pardon, das Fliegen.

Das Problem des fleischhaltigen Vegetariermenüs wäre in der Päppelklasse natürlich nie aufgetreten. Würde man dem Servicepersonal dort ein Salatblatt so grün wie die Felder von Irland zeigen und behaupten, es sei Schinken, würden sie es blitzschnell abräumen und sich während des ganzen Wegs von Dublin nach Dubai dafür entschuldigen. Wenn Ihnen also wirklich etwas am Essen liegt, erlauben Sie mir, Sie durch den magischen Vorhang in die Päppelklasse mitzunehmen. Keinen Moment zu früh, denken Sie jetzt vielleicht – törichterweise.

Vor einigen Jahren kämpften die Fluggesellschaften mit einem furchtbaren Problem: Wie ließ sich die Päppelklasse so außergewöhnlich machen wie ihr Preis? Eine große Zahl höchst bedeutender Manager versammelte sich um einen Tisch und grübelte monatelang darüber nach. Bedeutsame Worte fielen, wie zum Beispiel: »Wir müssen unsere Marke deutlich abheben« und »Es ist unerlässlich, unsere Kernkompetenz zu nutzen.« Niemand hatte eine Ahnung.

Dann, eines denkwürdigen Tages, sprang plötzlich einer von ihnen von seinem Stuhl auf. Als er mit seinem Cappuccino zurückkehrte, brüllte er: »Ich hab's. Ja! Ja! Wir überschütten sie mit Champagner und überhäufen sie mit Leberpastete.« Seine Kollegen waren außer sich (wo sie tatsächlich schon die ganze Zeit gewesen waren). Nach mehreren sorgfältig kalkulierten Momenten benommenen Schweigens brachen sie in Verzückung aus. »Suuuper!«, riefen sie, »Brillant!« Dieser Junge ist so kreativ, dachten alle, so großzügig, dass sie kaum glauben konnten, dass er auf der Hervord Business School gewesen war. Alle anderen Fluggesellschaften folgten dem Beispiel mit ähnlichen Geistesblitzen. Und so musste sich, als zum Rennen auf Fetteres, Blubbernderes und Üppigeres geblasen wurde, jede Gans im Perigord und jede Traube Galliens in Deckung bringen.

Ich nehme Sie nun mit auf einen Flug, an den ich mich nur zu gut erinnere, da ich ihn allzu häufig nahm: Air Keinerda 1867 von Montreal nach Paris, Päppelklasse, mit den bestrickendsten aller Einwickler als Flugbegleiter. Es ist kurz vor 21 Uhr, das heißt 3 Uhr morgens Pariser Zeit. Wir haben vor fast zwei Stunden Montreal verlassen und ich habe ein gestärktes, ungefähr einen halben Zentimeter dickes Tischtuch vor mir. Ich komme um vor Hunger, widerstehe jedoch der Versuchung, über die Tischdecke herzufallen, weil ich noch kein Besteck habe. Die Drinks sind gekommen, wie ich zugeben muss. Es muss einst einen früheren Häuptling von Air Keinerda gegeben haben, der testamentarisch alle Flugzeuge mit einem Fluch bedrohte, sollten sie jemals ein Häppchen Essen vor den Drinks servieren. Air Keinerda könnte um Mitternacht Muslime nach Mekka fliegen und würde immer noch Drinks vor den Speisen anbieten.

Schließlich kommt es − das Besteck, meine ich − auf einem Wagen mit besonders verstärkten Reifen. Jedes der sechs Stücke, die vor mir ausgebreitet werden, wiegt nahezu ein Pfund, zweifellos eigens als Ballast für die Tischdecke entworfen, sollte einmal ein Fenster herausfliegen. Das Essen lässt so lange auf sich warten, dass es scheint, als säße die Crew noch auf den Flügeln, um den Fisch zu angeln (wir sind noch über dem Atlantik). Aber das kenne ich schon. Also warte ich geduldig, ganz ähnlich wie das Herdentier, das man mir bald servieren wird. Nur noch vier Stunden bis Paris. *Das Ritual* von Air Keinerda läuft nach Plan.

Um unseren Hunger eher noch zu steigern als zu besänftigen, bekommen wir kleine beige Dinger vorgesetzt. Die Franzosen nennen sie »mises-en-bouche«, was man grob mit »steck sie dir in den Mund« übersetzen kann – oder vielleicht auch »*auf* den Mund«. Um sie zu essen, nehme ich die praktischen Zahnstocher zu Hilfe, aber egal: Man entfernt danach eilends das kiloschwere Besteck und ersetzt jedes einzelne Stück, wie es noch mehrere Male geschehen wird, bevor *Das Ritual* zu Ende ist.

(Wenn Sie mittlerweile glauben, dass ich besonders Air Keinerda schlecht machen will, muss ich Ihnen sagen, dass Sie vollkommen Recht haben. Ich habe dafür einen sehr guten Grund. Nicht weil Air Keinerda eine schlechte Fluggesellschaft ist – tatsächlich war sie früher eine wirklich gute Fluggesellschaft, zumindest für die Verhältnisse von Fluggesellschaften, und ihr Chef hat mir sein Wort gegeben, dass es in 180 Tagen wieder so sein wird. Der Grund ist vielmehr, dass ich von dort, wo ich lebe, sehr viel mit Air Keinerda fliegen muss. Also verbringe ich meine Zeit damit, Air Keinerda zu hassen. Weil ich das Fliegen hasse, hasse ich, wie alle anderen auch, die Fluggesellschaft am meisten, die ich am besten kenne.)

Die vierfarbige Hochglanzspeisekarte wurde mir bereits einige Zeit zuvor wie ein Diplom bei einer Absolventenfeier ausgehändigt. Sie bietet die übliche Wahl. Nur die

Adjektive ändern sich. Aber davon gibt es so viele, dass niemand die beiden Substantive bemerkt, auf die es wirklich ankommt. Sagen Sie: Wärmen Sie zu Hause *Steak* und *Fisch* auf? Ich stellte diese Frage in einem Brief an den Vorstand von Air Keinerda. Aus irgendeinem Grund hat er mir nie geantwortet. Vielleicht hätte ihn die Antwort verlegen gemacht.

Warum immer nur Steak und Fisch und nie, absolut nie Sardinen? Warum nicht eine schlichte Lasagne? Lasagne ist so gut, wenn sie aufgewärmt wird. (Curry-Gerichte auch. Mmmmm. Ich hätte Air Hindi nehmen sollen, auch wenn sie nicht nach Paris fliegen.) Können wir nicht einmal etwas bekommen, das besser schmeckt, als es klingt?*

Jedenfalls sind wir wieder bei »Gegrilltes Kalbsfilet mit Bordelaise-Soße an grünen, in Schinkenspeck gerollten Bohnen, buttergedünsteten Pilzen und Bratkartoffeln« oder aber »Lachsfilet in Sahnesoße an Fenchel und geschmorter Endivie, dazu Safranreis und spinatgefüllte Tomatenkelche«. Wie gesagt, Steak oder Fisch. Meine Entscheidung hängt von der Erklärung dafür ab, warum das Kalbsfilet *mit* der Soße und der Fisch *in* der Soße serviert wird. Aber das kann man mir nicht erklären. Also werfe ich einen Löffel, um mich zu entscheiden, und verletze mich dabei am Bein.

Irgendwie schaffe ich, was immer ich hatte (schwer zu sagen). Es folgt, etwas später, der Käse auf einem eigenen Wagen. Jedes leckere kleine Häppchen geronnener Milch ist in sein eigenes kleines Papierchen eingewickelt: Bombel aus Frankreich und Velveeta aus Amerika, oder zumindest

---

* Die Fluggesellschaften in den USA servieren gelegentlich Pasta, zumindest in der Sardinenklasse. Aber das zählt nicht, weil Amerika ein italienisches Land ist.

beinahe deren Äquivalente, sowie etwas Blaues (hoffentlich so beabsichtigt). Man erwartet, dass ich meine Wahl treffe wie ein Graf in einem Pariser Dreisterne-Restaurant. »Das Zeug da drüben«, bedeute ich mit einem eleganten Fingerzeig. Ich schlinge es hinunter, zumindest den Käse, und lasse dann das gesellschaftlich korrekte Intervall bis zum Dessert verstreichen. Schließlich kommt es, der Wagen rattert in einer Weise den Gang hinunter, die an die Elefantenszene in Aida erinnert. Meine Wahl wird sorgfältig beobachtet. »Ich nehme den Apfel«, sage ich und brauche nicht eigens darauf zu zeigen. Auch den schlinge ich hinunter. Nachdem ich der Reihe nach sechs oder acht Kaffeeangebote abgewehrt habe, bereite ich mich auf den Schlaf vor. Wir sind immer noch über dem Atlantik – gerade noch so eben.

Der Schlaf lässt nicht lange auf sich warten – ebenso wenig wie die nächste Störung. Mein Kapitän ist schon bald wieder an den LAUTsprechern. »Hier brüllt Ihr Kapitän«, sagt er und klingt wie ein Stadionsprecher beim Hockey, obwohl wir Passagiere uns eher wie Trauernde bei einer Totenwache verhalten: »Es ist so aufregend! Wir sind nur noch eineinhalb Stunden von Paris entfernt. Aufwachen, aufwachen!« Das mag ja stimmen, aber wir sind auch nur viereinhalb Stunden von Montreal entfernt, wo es nun Mitternacht ist. Und mein Magen ist noch nicht einmal beim Velveeta angekommen.

Es war einmal vor langer Zeit, dass ein Psychologe bei einer Fluggesellschaft gearbeitet haben muss. »Sie müssen den Passagieren das Gefühl geben, eine Nacht hinter sich gebracht zu haben«, sagte er, »damit sie für den Morgen auf der anderen Seite bereit sind.« – »Aber diese Nacht hat nur zwei Stunden«, gab man zu bedenken. Darauf hatte er schon eine Antwort parat: »Schauen Sie sich an, was wir mit Ratten machen.« Seitdem lassen uns die Fluglinien durch diesen Reifen springen.

O. K., seien wir fair. Wir brauchen Zeit, um uns fertig zu machen. Trotzdem, zu Hause brauche ich dafür 30 Minuten, mit duschen. Was soll ich bloß mit 90 anfangen? Dann, plötzlich, als ich die Einwickler wieder auf mich zustürzen sehe, erinnere ich mich. Frühstück! Natürlich. Ich brauche ein Frühstück, um die zahllosen Schichten des Abendessens in meinem Magen wegzuspülen – oder besser, wegzudrücken. Ich wage nicht, nein zu sagen. Schließlich bin ich ein Passagier in einem Flugzeug.

Sicher, ich hatte letzte Nacht eine Karte mit der Anweisung ausgefüllt, mich am Morgen nicht zu stören. Nur hatten sie sich nicht die Mühe gemacht, sie wieder einzusammeln. Außerdem gab es kein Kästchen, wo man ankreuzen konnte: »Bitte halten Sie Unseren Flugkapitän ruhig.«

So beginnt – folgsame, verpäppelte Sardine, die ich bin – wieder alles von vorn. Tischdecke. Kiloschweres Besteck. Aufgewärmte Eier, Speck, Wurst, Schinken, Pilze und Tomaten. Etwas, das wie Brot aussieht. Ich schlucke alles hinunter. Auf diese Weise ermutige ich AK 1867, möglichst bald gnädig zum Ende zu kommen. Wie schwer der Abschied fällt. Beladen mit einem Koffer vergoldeter Geleebonbons, ganz zu schweigen vom Frühstück über dem Abendessen – jeder Gang wartet geduldig in meinem Verdauungstrakt, bis er an der Reihe ist –, torkele ich aus der Blechdose, meine Brieftasche leichter, mein Körper schwerer. An dieser Stelle frage ich mich, warum ich nicht die süße kleine weiße Tüte mitgenommen habe, für die ich jetzt die passende Verwendung hätte.

Die Jahre vergehen, die Spannung wächst. Was wurde nur aus meinem Brief an den Häuptling? Gewiss hat ihn jemand gelesen. Ich werde es wieder versuchen. Doch wissen Sie was? Er scheint gefruchtet zu haben, hier sieht man's auf der Speisekarte. Sicher, es ist nicht gerade das übliche Alltagsnudelgericht, aber immerhin: »Eierpasta-Duo gefüllt mit Spinat, Pilzen, Ricotta, Cheddar und Parmesan, garniert mit Karotten- und Zucchini-Bâtonnets.«

Ich wette, ich weiß, was Sie jetzt denken: Er kann uns nichts vormachen, dieser Herr Esel. Wenn er nur die geschmorte Endivie, den Tomatenkelch und das Duo erwähnt hätte, hätten wir ihm vielleicht geglaubt. Aber mit dem Zirkumflex auf dem »a« von »Bâtonnets« hat er es zu weit getrieben.

In diesem Fall schlage ich vor, dass Sie sich eine Speisekarte von Air Keinerda aus dem Herbst 1996 besorgen. Dort werden Sie Bâtonnets in beiden Sprachen mit dem korrekten Zirkumflex finden. (Die Beschreibung des Gerichts hatte übrigens 18 Wörter im Englischen – und 25 im Französischen.)*

Jedenfalls nahm ich die Nudeln. Was blieb mir übrig? Andernfalls hätten sie mich vielleicht dem Vorstandschef gemeldet und der hätte mich dann womöglich zu sich nach Hause zu einem aufgewärmten Dinner eingeladen, um mich ins Gebet zu nehmen.

»Alle wollen Pasta«, stöhnte unser Flugbegleiter, verwundert darüber, dass Leute in einem Flugzeug alle das Gleiche

---

* Tatsächlich habe ich die Beschreibungen von allen drei Gerichten dieser einen Speisekarte entnommen. Sie glauben doch nicht, dass ich mehr als eine davon behalten, geschweige denn mir etwas Derartiges ausdenken würde? Aber wie gesagt, es macht sowieso keinen Unterschied, weil sich nur die Adjektive ändern.

tun. »Wir mussten drei Bestellungen ablehnen.« Leider gehörte meine nicht dazu. Denn was dann kam, war die klebrigste, zerkochteste Pasta, die wir jemals aßen, ich und mein netter Nachbar, mit dem ich Mitleid empfand – der mit seiner eigenen Armlehne. Warum bleiben die nicht einfach bei den Speisen, von denen sie wissen, wie man sie verdirbt?

Immerhin wird der Wein in Flugzeugen nicht ruiniert, so viel ist sicher. Niemand ist eigens dafür angestellt, um die Weine schlecht schmecken zu lassen. Es gibt allerdings alle möglichen Leute, die dafür sorgen, dass sie gut *klingen*. Jeder von ihnen hat einen fortgeschrittenen Abschluss in Creative Writing; einige haben das Zeug bei der einen oder anderen Gelegenheit offenbar sogar selbst probiert.

Hier wurde Air Keinerda von seinem langjährigen Erzrivalen Kenniden Airlines International, den die Gesellschaft später schluckte, in den Schatten gestellt. KAI – die Wörter wurden in diese Reihenfolge gebracht, weil man nicht als KIA bekannt sein wollte (was zu sehr an CIA erinnerte) – war einfach brillant, was Weine anging. Bei den Weinkarten, meine ich, nicht beim Rebsaft.

Die Karte, die ich vor mir habe, ist 17 (siebzehn) Seiten lang, mit einem Umschlag so dick wie die Tischdecken von Air Keinerda. Sie trägt den Titel »Cellar Secrets des Celliers«, »Kellergeheimnisse aus Kellereien« (im Englischen in einem, im Französischen in zwei Wörtern, wobei beide das Wort »Secrets« gemein haben). Jeder Wein hat eine ganze Seite, geziert von einem Farbfoto des Weingutbesitzers mit einem Glas in der Hand und so angezogen, als verbrächte er seine ganze Zeit damit, Wein zu stampfen.

Seite eins verspricht uns, dass KAIs »Weinberater [...] unermüdlich nach Qualität und dem artigen Charakter der Trauben [ich glaube, sie meinen den typischen Sorten-charakter] suchen [...], was sich im innovativen Angebot auf Ihrem heutigen Flug spiegelt.« Es folgt, was all die über den Chablis wissen müssen, die den Fusel saufen:

> *»Dorf und Weinberge von Chablis sind von Tonböden aus dem Jura umgeben, die sich dort ablagerten. Es ist dieser ›terroir‹, der dem Chablis seinen bemerkenswert erdigen Charakter verleiht. Die Familie Goulley mit ihrem gegenwärtigen Oberhaupt, dem jungen, energischen Philippe, produziert seit Generationen Wein in Chablis und kennt die Risiken des dortigen Weinanbaus genau. Diese Weine sind die verletzlichsten in Frankreich. Philippe ist eine dynamische Kraft in Chablis, wo er sich an die Spitze einer Initiative für organischen Anbau gesetzt hat. Sein Chablis ist klassisch [...] [seine] unverwechselbar kräftig-fruchtigen Aromen und sein erdiger Charakter sorgen für einen üppigen Abgang.«*

Philippe gibt tiefe Einsichten zum Besten:

> *»Meine Branche ist sehr traditionell, was bedeutet, dass still zu stehen keinen Fortschritt bringt. Ich bemühe mich um Innovationen, die mit der Tradition zusammengehen. Wir können nicht die Qualität des Bodens ändern, aber wir können darauf Acht geben, was wir in die Böden pflanzen.«*

Das ist eine gute Idee.

Zwei Seiten weiter sagt ein australischer Traubenheini: »Die Kundenbedürfnisse zu verstehen ist die Grundlage meiner Philosophie.« Wie klug. Warum betreibt der Kerl keine Fluggesellschaft? Sein Wein hat eine »Idee Vanille«. Andere Weine auf der Karte haben »Butteraromen«, »Aromen von frischer Pflaumenmarmelade« und ein »ungeheuer fruchtiges Bukett«. Wenn sie doch nur einen Wein mit »dem Schwung des Knoblauchs« finden könnten, müssten sie überhaupt kein Essen mehr servieren.

Doch, so sehr sie sich auch anstrengten, die Kennidenianer blieben im Vergleich zu anderen in der Regionalliga. »Die Weinspezialisten, die mit Air [Chance] die Weine ausgesucht haben, die wir Ihnen heute servieren, gehören zu Courtiers-Jurés Piquers de Vins de France. Sie wurden per Dekret vom 12. März 1322 zu offiziellen Weinverkostern des französischen Königs Karl IV., der Schöne, ernannt.« Toll. Diese Leute sind wirklich alt! Und diese Weinkarte ist wirklich lieblich: Sie kommt mit nur vier Seiten aus. Nicht nur das, sondern Air Chance verzichtet dabei sogar auf das Einwickeln. Madame Ekelbeins Idee, kein Zweifel. Kopfhörer, Speisekarte, Zahnpasta, alles wartet an meinem Platz auf mich, als ich eintreffe. Dann ein Dinnertablett mit allem Drum und Dran, außer dem Hauptgang. Ich kann mit dem Dessert beginnen und gleich zum Käse übergehen – so schnell ich will. Das ist echte Wahlfreiheit!

Trotzdem, das letzte Lachen gehört uns Keinerdaern. Die Franzosen bekommen vielleicht die alten Weine, aber wir kriegen die neuen Desserts. Auf einem Rückflug bot mir Air Keinerda kürzlich ein kleines Päckchen mit der Aufschrift »Vanilleeisriegel mit Schokoladenüberzug« an. Das ist ein Wort! Besonders geschätzt von denjenigen unter uns, die unter Schokoladenmangel leiden. Am meisten Spaß macht es, herauszufinden, was man mit der Hälfte macht, die man nicht isst. Gibt es fürs Fliegen am Ende doch noch Hoffnung?

II
Wie man mit einem
»kleinen Problem« fertig wird

Jetzt dreht sich alles um Wartung. *Erinnern Sie sich daran, was Wartung ist? Früher tauchte sie gewöhnlich am Ende der Rangliste auf, bevor all diese Manager sie rausschmissen. Frauen mögen auf dem Weg nach oben gegen eine unsichtbare Decke stoßen, aber versuchen Sie einmal, ein Wartungsmann zu sein und auf Ihrem Weg nach unten mit dem Betonfußboden Bekanntschaft zu machen. Tief im Inneren der Fluggesellschaften soll es noch irgendwo technische Abteilungen geben, auch wenn sie, wie Sie sehen werden, nicht immer alles ganz richtig machen.*

Einmal hatte ich, wie ich zugeben muss, in einem Flugzeug eine wirklich gute Nachtruhe, auf einem Flug nach London mit keiner geringeren Fluggesellschaft als Air Keinerda – allerdings war die Ursache dafür weniger erfreulich.

Ich hatte an einem Samstag in Quebec zu tun, gefolgt von einem ganzen Tag mit Seminaren in London am Montag. Meine einzige Hoffnung war, einen sehr frühen

Flug nach Toronto zu nehmen, sodass ich einen Tagesflug nach London erwischen würde. Ich nehme Sie jetzt mit zum Flughafen von Quebec um 6 Uhr morgens an einem schneidend kalten Dezembertag.

Was für eine schöne Schlange wir waren, ich und der andere Passagier! Warum strömen am Freitagabend Horden von New Yorkern in den Flughafen La Cucaracha, wenn sie Quebec so bequem am Sonntagmorgen verlassen könnten? Ich gehe an Bord – kein Warten, keine Pässe, keine Koffer, keine Armlehnen –, das Flugzeug rollt ein paar Meter und hält, um eine nette kleine Dusche zu nehmen. Es mag kein Eis auf seinen Flügeln. Kein Problem. Besser die Maschine wartet als ich. Dann rollt sie ein bisschen weiter und wieder zurück, um noch eine kleine Dusche zu nehmen. Oha, das ist schon weniger lustig. Jetzt warten wir beide. Jeder Gedanke, dies könnte ein alltägliches Ritual sein, wird von dem berühmten Knacken der Lautsprecher zerschlagen. Es ist Unser Fugkapitän, der jetzt brüllt. Wir haben eins dieser »kleinen Probleme«. Lassen Sie mich Ihnen eins sagen: So etwas wie ein »kleines Problem« gibt es bei einem Flugzeug nicht. Entweder es gibt ein Problem oder es gibt keins.

Hier – es spricht wieder einmal Ihr Autor – muss ich meinerseits eine kleine Unterbrechung ankündigen. Also gut, keine »kleine«, sondern eine richtige Unterbrechung. Ich werde Sie kurz mitnehmen, in einem wirklich kleinen Flugzeug auf einem Flug nach University Park, Pennsylvania, einige Jahre zuvor – mit acht in den Wolken verlorenen armen Seelen.

Das wird lustig, sagte ich mir. Zur Abwechslung einmal ein richtiges Flugzeug. Und eine richtige Fluggesellschaft: Der Pilot ist eine Frau. (Hey! Warten Sie einen Moment. Ist

es Ihnen aufgefallen? *Wir unterbrechen diese Unterbrechung, um Ihnen eine wirklich wichtige Entdeckung mitzuteilen.* Ich hasse das Fliegen überhaupt nicht! Wie sich herausstellt, liebe ich es, selbst wenn niemand Hübsches in Sicht ist. Es sind die Fluggesellschaften, die ich hasse, diese Großbürokratien des Himmels. Doch es ist zu spät, den Titel dieses Buches zu ändern.)

Zurück zum wirklich kleinen Flugzeug. Bislang ist es ein schöner Flug. Wir sitzen uns zu zweit gegenüber, einer auf jeder Seite des Gangs. Die anderen Passagiere sind wahrscheinlich Anthropologen, die über die Abstände zwischen Menschen in Flugzeugen forschen. Bis auf den Kerl neben mir, ein Brite auf dem Weg zu seinem Brieffreund in Pennsylvania. Kein Scherz. Daheim hat er noch nie einen Fuß in ein Flugzeug gesetzt. »Sie werden dieses kleine Flugzeug lieben«, sage ich ihm.

Also gut, da hatte ich mich gründlich verschätzt. Ich höre, wie das Fahrwerk ausgefahren wird. Das ist ja so beruhigend. Dann höre ich, wie das Fahrwerk erneut ausgefahren wird. Das ist schon weniger beruhigend. Dann kommt wieder das Knacken der Lautsprecher! »Wir haben ein ›kleines Problem‹ mit dem Fahrwerk«, sagt unsere Pilotin. Kein Grund zur Sorge. Alles, was wir zu tun haben, ist, ungefähr eine Stunde in der Turbulenzzone herumzufliegen, damit das Flugzeug seine Tanks leeren kann.

Während das geschieht, tun die meisten Passagiere ein Gleiches. Endlich eine Rechtfertigung für die süßen kleinen weißen Tüten. Allerdings ein bisschen zu klein für den Kerl diagonal gegenüber, dessen Verdauung scheinbar nonstop vom üblichen Weg abweicht. Eine wirklich elende Stunde. Dem Brieffreund gegenüber ergeht es besser. Vielleicht, weil er nicht weiß, was in einer solchen Lage von ihm erwartet wird.

Nicht aus Unhöflichkeit und bestimmt nicht, um dem Kerl diagonal gegenüber aus dem Weg zu gehen, wechsle ich den Platz und setze mich auf einen im hinteren Teil. Da sitzt niemand und ich habe einmal gehört, dass Flugzeuge vorzugsweise zuerst ihre Schnauzen eindetschen. Außerdem ist da hinten eine Tür, nur für mich. Mein ganzes Leben wollte ich einmal der Erste sein, der ein Flugzeug verlässt. Warum nicht heute? Da mache ich eine wichtige Entdeckung, zum großen Kummer meiner kleinen weißen Tüte. Ich kann meinen Sitz ganz nach hinten kippen, und es gelingt mir dadurch, meinen Magen so zu dehnen, dass dieser Tank voll bleibt. Aber warum eigentlich? Sein Inhalt ist schließlich nicht feuergefährlich.

Unsere Pilotin meldet, dass wir Kurs auf Harrisburg nehmen, wo es »mehr Ausrüstung« gibt. Oha. Es ist wie beim Bergsteigen, sage ich mir: Das Schlimmste, was passieren kann, ist, dass ich sterbe. Wir überfliegen den Flughafen, um die Räder vom Boden aus kontrollieren zu lassen. Anscheinend sehen sie ganz gut aus da unter dem Flugzeug, selbst wenn die Kontrollanzeige in der Blechdose anderer Meinung ist. Also wird entschieden, eine normale Landung zu versuchen. (Habe ich es überlebt? Halten Sie die Spannung noch aus? Ich nehme noch Wetten an, sogar Geld. Schreiben Sie an Esel@delphi.iahiah.)

Los geht's: Mit den Händen vor dem Gesicht setzen wir auf – im wahrsten Sinne des Wortes. Es muss eine der delikatesten Landungen in der mehrere hundertmillionenjährigen Geschichte des Fliegens sein, obwohl sie danach recht abrupt endet: Wir stoppen nach acht Millimetern. Im

Verlauf stoßen sämtliche Klingeln und Warnglocken der Maschine Protestschreie aus. »Das hätten Sie nicht tun sollen«, kreischt die eine, und »Blöder Haufen Cowboys im Cockpit!«, brüllt die andere. Warum ein sanfter kleiner Gong nicht ausgereicht hätte, ist mir rätselhaft.

Wir gehen von Bord und erblicken die besagte »bessere Ausrüstung«: Genau ein Krankenwagen für jeden von uns – ein Krankenwagen ganz für mich allein! – plus Horden von erleichterten Feuerwehrleuten. So viel zum Thema »kleines Problem«.

Unser kleines Problem in Quebec wird nicht behoben. Unser Flug ist gestrichen. Das ist die gute Nachricht. Die schlechte Nachricht ist, dass ich mich jetzt durch den Sturm zurück zum Hotel kämpfen darf, um meine Nachtruhe zu Ende zu bringen. Ich bin auf den Nachmittagsflug nach Montreal umgebucht und von da auf einen Nachtflug nach London. Die andere »gute Nachricht« ist, dass es keinen Platz in der Päppelklasse gibt. Die schlechte Nachricht ist außerdem, dass ich nicht einmal die eine Stunde Schlaf bekomme und damit auch meine Seminare am folgenden Tag ein wunderbares Erlebnis sein werden.

So sehr ich auch jammere und winsele, wird in Montreal doch kein einziger Platz in der Päppelklasse frei. Man gibt mir ein Stück Papier, das mir für die Herabstufung in die Vollschröpfklasse Entschädigung garantiert. (Wochen später trifft der Scheck in Höhe von – kein Scherz – 160 Mark ein. Der Fall kommt demnächst vor das Internationale Tribunal für Fluglinigengräuel in Bagdad.)

Ich strebe also in die Sardinenklasse, und wissen Sie was: Sie ist leer! Alle anderen sind in die Päppelklasse geflüchtet – ohne Zweifel wegen der Bâtonettes mit ihrem Zirkumflex. Das ist wahrscheinlich der Grund, warum die Nase des Flugzeugs während des ganzen Fluges nach London leicht nach unten zeigt. Ich gehe geradewegs zu einer Reihe mit drei Sitzen und jubiliere, weil ich nur zwei Armlehnen hochklappen muss, um mich ausstrecken zu können. Da schnappe ich mir einen Haufen der Handtücher, die sie Decken nennen, mehrere jener postkartengroßen Kopfkissen und schon liege ich flach und bin noch vor dem Flugzeug im Himmel.

Wir sind mit einem Kapitän gesegnet, der eine Kehlkopfentzündung haben muss. Er versäumt es, uns auf Island mehrere Tausend Kilometer zur Linken aufmerksam zu machen, und so schlafe ich wunderbar und wache ganz natürlich erst kurz vor der Landung auf. (Was, kein Weckruf?) Immer noch Zeit für eine Dusche. Und dann, o Wunder: das Frühstück! Diese freundlichen, umsichtigen Menschen von Air Keinerda haben an alles gedacht, einschließlich eines Frühstücks für alle, die das Abendessen verpasst haben.

Im Kiesklau-Flughafen bemerkt man, dass ich eine Glückssträhne habe und räumt mir alle Schlangen aus dem Weg, sodass ausnahmsweise einmal alles glatt geht. Das einzige Problem ist die Schlange vor dem Schalter der U-Bahn, die sich wie ein Darm vor- und zurückschlängelt. (Wenn Sie überirdisch nach Kiesklau gelangen, ist es am besten, unterirdisch nach London zu fahren.*) Aber die

---

* Jetzt gibt es den Kiesklau-Express: 15 Minuten bis Puddingklon Station in London, alle 15 Minuten – wirklich gut. Das ist halb so lange, wie ich ein paar Tage später brauchte, um im Charlie-der-Gallier-Flughafen in Paris von Terminal 2 nach Terminal 1 zu gelangen. Stellen Sie in jedem Fall sicher, dass Sie Ihre geschäftlichen Verabredungen in den Bahnhof legen, da man so manchmal schneller wieder in Kiesklau ist, als man dort ein Taxi rufen kann.

Götter sind mir weiter wohlgesinnt, denn fast an der Spitze der Schlange steht Reinhold. So bekomme ich nicht nur schnell mein Ticket, sondern kann auch noch den armen Reinhold den ganzen Weg bis London mit meinem Gezeter belästigen.

Reinhold arbeitet bei der Frusthamsda. Ich erzähle ihm von dem Buch, das ich schreibe, und warum ich das Fliegen hasse. »Ja, ich weiß«, sagt Reinhold höflich jedes Mal, wenn wir uns treffen, »das erzählst du mir jedes Mal, wenn wir uns treffen.« Und dann fügt er noch höflicher hinzu: »Ich freue mich darauf, es zu lesen.« Bei den Göttern: Er freut sich darauf? Wenn Reinhold sich darauf freut, sollte ich da nicht besser auf der Hut sein? Sollte man den Leuten von den Fluggesellschaften wirklich erlauben, dieses Buch zu lesen? Sie werden mich eine Weile lang in keinem dunklen Flugzeug mehr finden, das kann ich Ihnen sagen!

So jedenfalls gelangte ich vollkommen entspannt und mit nur halbstündiger Verspätung an meinen Bestimmungsort, um einen wundervollen Tag lang zu unterrichten. Seitdem buche ich immer Sardinenklasse, Sitze 93x, 93y und 93z.

12
Flughäfen sind das Schlimmste

Betrachten Sie dies als ein Kapitel über das Anlegen von Messlatten oder Benchmarking. Benchmarking heißt, Ihre eigene Organisation mit anderen zu vergleichen, die besser sind, sodass Sie bestenfalls zusammen mit allen anderen Zweitbester werden können. Gut zu werden ist eine andere Sache. Wir fragen hier: Können Flughäfen, wenn schon nicht gut, so doch zumindest beinahe so gut werden wie Fluglinien?

Da wir das Thema nun schon einmal angeschnitten haben, lassen Sie uns zu den Flughäfen zurückkehren. Das ist gerade das Problem beim Fliegen: Wir müssen immer zu den Flughäfen zurückkehren. Stellen Sie sich nur vor, wie viel Spaß das Fliegen machen würde, wenn wir nicht zu den Flughäfen zurück müssten.

Das Problem könnte ihr individueller Charakter sein. Flughäfen sind so einzigartig, so wunderbar verschieden von allem anderen, was sie umgibt, dass man nie weiß, ob man sich in Nagano, Neapel oder Nashville befindet. Es ist, als wäre eines Tages ein gigantischer Helikopter von der

Großen Flughafenfließbandfabrik Im Himmel aufgetaucht und hätte einfach jeden Flughafen an seinem jeweiligen Ort fallen lassen.

Es ist wirklich verblüffend, wie man in ein paar Stunden die ganze Welt durchqueren und in einer völlig anderen Kultur ankommen kann, ohne jemals die Bequemlichkeit der eigenen verlassen zu müssen. Vielleicht sind da draußen Rikschas oder Pinguine, aber seien Sie unbesorgt: Ihre Welt ist hier drinnen ungefährdet. Sollten Sie so dumm gewesen sein, ein Treffen außerhalb dieses mütterlichen Schoßes zu vereinbaren, eilt man Ihnen zu Hilfe: Ein riesiger schwarzer Wagen – tatsächlich sind es drei zusammengeschweißte Riesenautos – verschluckt Sie und spuckt Sie direkt vor einem Hotel wieder aus, das bemerkenswerte Ähnlichkeit mit dem hat, das Sie gerade auf der anderen Seite des Planeten verlassen haben. Dort halten Sie dann ein Meeting über die Frage ab, wie man Ihr Globales Produkt (Kaugummi) an die lokale Kultur anpassen kann.

Ihre Ganz Eigene Kultur ist selbstverständlich die des Globalen Managers. Und die Globalen Manager sind natürlich die, die Wirtschaft oder Ingenieurwissenschaften in einem Land studiert haben, an das sie sich nicht mehr erinnern können, bevor sie in Amerika ein »MBA«, Master of Business Administration, genanntes Wirtschaftsdiplom erwarben, an das sie sich leider nur allzu gut erinnern. Das hat ihnen ermöglicht, in ganz ähnlicher Weise zwischen Unternehmen hin und her zu wechseln, wie sie zwischen Ländern hin und her fliegen. Die fraglichen Globalen Produkte sind natürlich Massenprodukte: Sie sehen gleich aus, schmecken gleich und bringen das Gleiche ein, ob in Peenemünde oder Palermo. Der fragliche Globus ist tatsächlich ein etwa 2000 Kilometer breites Band, das zwischen Seattle und San Diego beginnt, östlich verläuft und zwischen Buda und Pest verschwindet, bevor es in Osaka wieder auftaucht und in Tokio endet. Ein langes, schmales globales Dorf. Man sollte meinen, die Globalen Manager könnten es zu Fuß durchqueren.

Und natürlich ist die Heimat dieser Globalen Manager der internationale Flughafen. Bringen Sie da nichts durcheinander. Transport ist dabei das Unwichtigste. Die Globalen Manager treffen sich hier, sie essen hier und schlafen hier. Sie warten auch hier, wie Sie sich vielleicht erinnern. Und vor allem anderen gehen sie hier einkaufen. Der Flughafen Shopwohl in der Nähe von Amsterdam hat die Flagge und das Motto für diesen Club geprägt: »See.Buy.Fly.«, schreien seine Plastiktüten in erschreckendem Gelb, ein Spruch für Leute, die es über das Niveau der Lesefibeln in der ersten Klasse nie hinausgebracht haben: »Schau, da läuft Katie.«

Globale Manager sind, anders als man es den Einreisebeamten in Australien erzählt hat, viel beschäftigte Leute, die selten einen Moment übrig haben – am wenigsten, um die Produkte zu kaufen, die sie allen anderen andrehen. Außer in Flughäfen, wo man all dieses Warten bewältigen muss. Das ist der Moment, wenn bei ihnen rührselige Erinnerungen an ihre Familien wach werden, die sie nie sehen – das Frauchen zum Beispiel, dessen Haut sich nach dem Nektar der Provence, dessen Finger sich nach den Mineralien Afrikas und dessen Lungen sich nach den Tabakblättern Virginias verzehren. Damit die Aufmerksamkeit dieser Globalen Manager nicht von solchen Konsumwundern abschweift, sind die Flughäfen umsichtig genug, ein paar schlichte Erinnerungshilfen bereitzustellen: Sie werden auf die Gepäckwagen geklebt, auf die Bordkarten gedruckt, auf die Teppiche geschrieben, an die Fenster gepflastert (in Prag, kein Scherz). Jede einzelne dieser Werbeanzeigen beschwört das Bild der leidenschaftlichen, überwältigenden Paarung, die unweigerlich auf solche Darreichungen folgt. Sagen Sie ihr, dass Sie sie ewig lieben werden, mit einem Diamanten, den Sie gekauft haben, als Sie von einem Flugzeug zum anderen hetzten, und Sie werden sich von diesem Stelldichein vielleicht nie mehr erholen.

Und was für günstige Angebote! Afrikanische Halsketten für ein paar Millionen, russische Mäntel für ein paar Tausender, französische Parfüms für ein paar Hunderter, englische Zigaretten für ein paar Zehner, kanadische Zahnstocher für ein paar Einer. Wer von Ihnen nicht mit dem Globalen Lebensstil gesegnet ist, mag sich an diesem Punkt vielleicht fragen, was um alles in der Welt man in einem Flughafen kaufen kann, das irgendeinen wirklichen Nutzen hat. Da gibt's massig viel, das ist heftig. Nein, nicht etwa massig viele Heftklammern, sondern noch weit essenziellere Warenmassen und Massenwaren. Deshalb heißt es vor dem Start, sich noch rasch mit dem Lebensnotwendigen einzudecken: Lebensmittel (Kaviar aus Tschernobyl, geräucherter antarktischer Pinguin, Schinken aus Beersheba); Kleidung (Gamaschen, Stulpenhandschuhe, Gummiüberschuhe); persönliche Accessoires (Klapperschlangenkondome, Château-Chirac-Weine, Balsamicoessigzahnpasta).

Das Heim des Globalen Managers fern von daheim ist natürlich die Päppel-Lounge. Es macht so viel Spaß, sich dort aufzuhalten. Lauschen Sie nur den Unterhaltungen: »*Meine* Fluggesellschaft serviert *drei* verschiedene Senfsorten zu jedem aufgewärmten Steak und Ihre nicht.« – »Also habe ich die Route mit Zwischenstopp auf den Malediven gebucht – klar, das ist die längere Strecke, aber ich lege immer *Wert* darauf, mit Air Cumulate zu fliegen.« Damit kein Globaler Manager einen Moment lang Amerika vermisst, ist die Röhre fest auf SeeNN eingestellt – der Globus, wie Georgia ihn sieht. Und die Leute in diesen Päppelhallen sind so wunderbar freundlich. Denken Sie nur an all die Male, wo Ihnen jemand sagte: »Klar, Sie können den Platz haben; mein Mantel braucht ihn eigentlich nicht.« Das Beste von allem ist die Einrichtung, so neu, dass sie den Rest des Flughafens beschämt. Die Messlatte sind hier die Hotels, keine Frage.

An diesem Punkt müssen Sie sich fragen: Wenn die Einkaufsmöglichkeiten so gut, die Leute so freundlich, der Ort so individuell ist, was ist es dann genau, was Herr Esel an den Flughäfen hasst? Meine Antwort ist einfach: Kiesklau. Wenn Sie wissen wollen, was übermäßiges Wachstum ist, verschwenden Sie Ihre Zeit nicht damit, gentechnisch verändertes Obst und Gemüse aus Amerika zu essen. Verbringen Sie einfach ein paar Stunden in Kiesklau. Nehmen Sie zum Beispiel ein Taxi zum Ankunftsflugsteig. (Mittlerweile helfen die großen Flughäfen den Fluglinien, Geld zu sparen, indem sie dafür sorgen, dass ein Großteil der Reise auf dem Boden zurückgelegt werden muss.) Oder wechseln Sie zu Terminal 4. Was bei diesen Leuten Terminal heißt, nennen andere Leute Flughafen. Ich habe gehört, dass man in Kiesklau jetzt Linienflüge zwischen den Terminals 3 und 4 einführen will.

Seien Sie jedoch vorsichtig, bevor sie einen davon nehmen. Europäische Flüge von Kritisch Airways fliegen von
Terminal 1, deren Überseeflüge von Terminal 4. Das ist
leicht zu merken. Sagen wir nun, dass Sie nach Amsterdam, vielleicht sogar Paris fliegen wollen. Ich wette, Sie
haben gedacht, diese Orte liegen in Europa. Nicht, wenn
es nach Kiesklau geht: Flüge dorthin fliegen von Terminal 4.
Ich wusste, dass bei den Briten dieses Ding mit Europa
läuft, aber glauben Sie nicht, dass das etwas übertrieben ist?
Kiesklau hat seither auch Moskau und Athen aus Europa
entfernt. Als Nächstes werden sie behaupten, dass Istanbul
nicht vollständig in Europa liegt.

In meinen jüngeren, unschuldigeren Jahren ging ich
einmal, nachdem ich meine Geografiekenntnisse aufge-
frischt hatte, zu Terminal 1, um nach Paris zu fliegen. Da
ich Kiesklau aber kannte, fragte ich jemanden vom Boden-
personal an der Tür, ob ich hier richtig sei. Er blickte seinen Kumpel höhnisch an und sagte so etwas wie: »Nicht
noch so ein Depp, der im europäischen Terminal nach
dem Flug nach Paris sucht.«

Wenn Sie glauben, Terminals seien in Kiesklau ein Problem, versuchen Sie, dort zu parken. Einmal stieg ich mit
einer Freundin in einen Bus, um zu ihrem Auto zu fahren.
Der Bus hielt etwa 15 Mal, bevor er schließlich zu dem
Parkplatz kam, auf dem ihr Wagen stand. An einer dieser
Haltestellen konnte man in einen anderen Bus umsteigen –
zu einem »Überlastparkplatz«. Doch wir gehörten noch zu
den Glücklichen: Jemand erzählte mir kürzlich, dass er
einen Flug verpasst hatte, weil selbst die Überlastparkplätze
voll waren. Er hätte am Piccadilly Circus parken und zu
Fuß gehen sollen.

Wäre Theseus in die Korridore von Kiesklau gegangen, würde er noch immer seinen Weg nach draußen suchen. Irgendwo in diesem Labyrinth gab es eine Kreuzung mit einem Metalldetektor, den man direkt in der Mitte abgeladen hatte. Keine Tür in Sicht, kein Flugsteig, nur der Kreuzungspunkt zweier Korridore. Sorgfältig war in alle vier Richtungen kein Hinweisschild angebracht worden. Wenn also ein Passagier einen dieser Korridore hinunterjagte, in Sorge, seinen Flug zu verpassen, und vor die Detektorschranke kam, entriss ihm ein spinnenhaft aussehender Kerl die Tasche und scheuchte ihn in die Schlange der anderen Opfer, die darauf warteten, die Schranke zu passieren. Jeder Protest, das einem noch die Strahlen des vorangehenden Detektors in den Knochen steckten, war nutzlos.

War man durch den Detektor hindurch, wusste man immer noch nicht, wohin man gehen sollte. »Entschuldigen Sie«, sagte man dann zu einem anderen Kerl in Uniform, der gelangweilt in der Nähe stand. »Der Flug nach Terminal 4, bitte ...?« Und er antwortete: »Aber ja, diesen Gang entlang.« Beim zweiten Mal nahm ich meinen Mut zusammen und platzte mit der Frage heraus: »Wie hätte ich das denn wissen sollen? Es gibt keine Hinweisschilder.« Seine Antwort, und ich zitiere ganz wörtlich, war so typisch Kiesklau, dass ich mich immer noch zwicke, nicht gleich selbst darauf gekommen zu sein: »Aber dafür bin doch ich hier.«

Beim dritten Mal, als ich durch diesen Detektor gegangen war, begriff ich das System. Ich wählte einfach ohne Zögern irgendeinen Korridor und rannte zu meinem Flugzeug, als ob ich wüsste, wo es langging. Dieses Mal

hatte ich ihnen ein Schnippchen geschlagen – allerdings verpasste ich dadurch mein Flugzeug.

Ich habe diese wunderbare Kreuzung schon jahrelang nicht mehr gesehen. Aber kürzlich fand ich einen mehr als gleichwertigen Ersatz. Es war auf einem Flug von Montreal nach Indien via Kiesklau.

Als ich von Bord gehe, erhalte ich die gute Nachricht: Mein Air-Hindi-Flugzeug wird vom selben Terminal abfliegen. Ich muss nur zur Transithalle gehen. Als ich die ersten Schritte in diese Richtung mache, erinnere ich mich an die schlechte Nachricht. Ich bin in Kiesklau. Horden von Menschen stehen vor mir in einer Art britischer Schlange. Massen von nervös gespannten, in manchen Fällen schier der Raserei verfallenen Menschen mit langen, internationalen Nachtflügen hinter sich, alle offenbar vor Enthusiasmus berstend, so schnell wie menschenmöglich an Bord eines weiteren Flugzeuges gehen zu dürfen. Alles, um Kiesklau zu entkommen. Aber warten Sie einen Moment – noch eine weitere Minute: Was für eine Schlange kann das nur sein?

Einige Äonen später erreiche ich den Anfang der Schlange und finde es heraus. Sicherheitskontrolle. Na klar. Dies ist ein Flughafen. Aber warten Sie noch eine Minute: Wir alle kommen doch aus Flugzeugen, das heißt, wir wurden schon alle irgendwo anders kontrolliert. Die Chancen stehen recht gut, dass niemand von uns unser Flugzeug entführt, geschweige denn in die Luft gesprengt hat! Stimmt alles – aber ein Hinweisschild vor uns erklärt, dass das britische Verkehrsministerium auf dieser Kontrolle besteht.

Schließlich stehe ich einem Offiziellen gegenüber – er trägt eine Uniform. Er hat einen Job zu tun: Er muss mein

Ticket stempeln. Das ist ein prima Einfall. »Warum um alles in der Welt ist diese Kontrolle erforderlich?«, frage ich in meiner Benommenheit. »Weil wir hier in Großbritannien sorgfältigere Kontrollen durchführen«, erklärt er mir und fügt mit einer gewissen Großzügigkeit hinzu: »Ich weiß das, ich bin schon an ein paar *dieser* Orte gewesen.« Zweifellos meint er die Isle of Wight.

Räumen wir ruhig ein, dass die Sicherheitskontrollen an einigen *dieser* Orte schlimm sind. Aber bedeutet das, dass alle Leute, die mit Pistolen und Bomben aus dem Flugzeug steigen, nur darauf warten, sie zu benutzen, wenn sie weiterfliegen? Ich meine, wer nimmt eine Bombe mit in ein Flugzeug, um sie dann in einem anderen zu zünden? Und was ist mit all den unzivilisierten Flughäfen in den Niederlanden und der Schweiz, die ihre Transitpassagiere nicht kontrollieren?

O. K., es stimmt, man sollte Kiesklau nicht für seine Regierung verantwortlich machen. Aber wir sind noch nicht fertig. Hinter dem Stempelkerl stehen zwei Durchleuchtungsapparaturen, um uns und unser Gepäck zu kontrollieren. Die Schlange ist nun geteilt, eine halbe Horde Leute in jeder. »Warum nur zwei Detektoren?«, rufe ich zum Stempler zurück, an dem ich jetzt schon mehrere Zentimeter vorbeigezogen bin. »Das ist nur am frühen Morgen ein Problem«, ruft er flüsternd zurück, »wenn viele Fluggäste kommen – also die internationalen Flüge eintreffen.« Ich verstehe. Es ist kein Problem, wenn nur wenige Flüge eintreffen, weil es dann ja auch nur wenige Fluggäste gibt. Wenn ich also selbst fliegen würde, auf einer Schwerlasttaube zum Beispiel, würde ich die Zeiten einfach so legen, dass ich um 2 Uhr nachmittags ankäme, sodass ich schnell

durch die Schlange kommen und meinen Anschlussflug am nächsten Morgen problemlos schaffen würde.

Ich habe nun meine Schlange gewählt. Zwei Leute stehen mit Handdetektoren hinter der Schranke, um unsere Bomben zu finden. Der Kerl vor mir geht hindurch und löst den Alarm aus. Er hat einen Reißverschluss. Einer der beiden Sicherheitsleute kontrolliert ihn sehr, sehr gewissenhaft – seine Brille, seine Ringe, seinen Reißverschluss. Eine halbe Horde von Leuten wartet fast eine Minute. Der andere Sondenmensch *beobachtet* das alles ebenso gewissenhaft. Warum schon jetzt einen weiteren Passagier belästigen? Schließlich kommt der Sicherheitskerl tatsächlich zum Ende. Aber niemand bewegt sich. Benommen von einer Nacht im Flugzeug und nun noch dieser Schlange, warten wir hypnotisiert wie Fische vor einem Blitzlicht, bis wir das Zeichen erhalten. Und dann torkelt eine halbe Horde von Passagieren ein paar weitere Zentimeter voran.

Nun besteht Kiesklau nicht nur aus Warten. Kiesklau ist britisch. Es hat Klasse. »Lieber Premium-Passagier«, steht auf diesem besonders rosafarbenen Umschlag. »Als einen unserer geschätztesten Kunden laden wir Sie ein, die Einreiseüberholspur zu benutzen [...] Stecken Sie einfach ihre ausgefüllte Landekarte in diesen besonderen Umschlag und geben Sie ihn unserem Personal, wenn Sie die Ankunftshalle betreten. Sie werden dann zum richtigen Gang gewiesen.« Ein *richtiger* Gang für die Päppelklasse, um an allen anderen vorbeizuschlüpfen, die sich in der Schlange für gewöhnliche Europäer und in der für gewöhnliche Ausländer zusammenzwängen.

Ich kapiere. Das muss Tony Blablas »dritter Weg« sein – eine Überholspur für die Business Class. Zahlen Sie einem

Unternehmen mehr Geld, und der Staat gibt Ihnen besseren Service. Was für ein Privileg, in solch einer Demokratie zu leben.

Kiesklau ist auch das Land, wo man sehr günstig einkaufen kann. Es gab eine ganze Werbekampagne, um uns darüber zu informieren. »In Kiesklau werden Sie nicht geschröpft«, behaupteten die Annoncen. Nun, sie haben nicht so viele Worte verschwendet. Zu sehen waren zwei Fotos von etwas Lebensnotwendigem, Nerzsocken oder etwas Ähnlichem, eins mit dem Preis in Kiesklau, das andere mit dem entsprechenden Preis in einem Londoner Nobelkaufhaus.

Da nun aber das Nobelkaufhaus kaum meiner Vorstellung eines günstigen Discount-Schuppens entspricht, überprüfte ich eine dieser günstigen Gelegenheiten – ich machte eine kleine Recherche. Statt irgendein gewöhnliches Produkt zu wählen, suchte ich mir eins aus, das man für alle anderen braucht. Es ist wahrscheinlich der größte Verkaufsrenner in Kiesklau und mit Sicherheit die einträglichste Einnahmequelle. Ich meine natürlich Geld.

»Entschuldigen Sie«, sage ich zu der Frau, über deren Kopf in großen Lettern der Name der Bank steht: Thomas Bake. »Wenn *ich Ihnen* 100 amerikanische Dollar gebe, wie viele britische Pfund werden *Sie* dann *mir* geben?« Die Lämpchen blitzen auf, der Computer rechnet wie wild, Glöckchen schrillen, Gongs erschallen. »54 Pfund und 30 Pence«, sagt sie. »Gut. Wenn *ich Ihnen* nun 54 Pfund und 30 Pence gebe, wie viele amerikanische Dollar werden *Sie mir* dann zurückgeben?« Das Gleiche von vorn. »87 Dollar und 30 Cents«, sagt sie. Hmmm. Warum verschwende ich meine Zeit damit, Bücher für Millionen von begeisterten Lesern zu schreiben, wenn ich Geld in Kiesklau verkaufen könnte, dem Flughafen der günstigen Gelegenheiten? Klar, Bankier Thomas muss die ganze Elektrizität bezahlen, ganz zu schweigen von den etlichen Sekunden Arbeitszeit, die diese Dame für ihren Service benötigt. Trotzdem.

Dann bemerke ich das Schild. Sie erheben eine Gebühr, zusätzlich zur Gewinnmarge, mindestens zwei Pfund 50. Thomas muss schließlich auch essen. Vielleicht sind 100 Dollar nicht fair. Ich gehe zurück. Ich bin schließlich Päppelklässler und hab's dicke. »Entschuldigen Sie, wenn ich Sie noch einmal belästigen muss, aber könnten Sie das Gleiche noch einmal für 1000 Dollar durchrechnen?« Sie ist sehr höflich. »909,39 Dollar«, schreibt sie auf einen Papierstreifen. Tom bekommt 45 Dollar auf 1000 – so oder so. Warum sich mit 6 1/2 Prozent auf 100 Dollar begnügen, wenn er 4 1/2 Prozent auf 1000 bekommen kann – nicht pro Jahr oder Monat, sondern pro Moment.

Ein andermal kürzlich in Kiesklau sehe ich eine Anzeige über den Insignien des Flughafenbetreibers und Thomas Bakes. »Sparen Sie Geld, wechseln Sie hier.« Endlich sind sie zur Vernunft gekommen! Also wiederhole ich die Prozedur: 1000 Dollar, blitzende Lämpchen, heiß laufender Computer, schrillende Glöckchen, gongendes Geläut. »885 Dollar.« Mist, ich habe die Inflation vergessen. Und auch die Heimat. Also versuchte ich es im Durchwahl-Airport in Montreal. Die gleiche Prozedur: 1000 kanadische Dollar. Ergebnis: 813,31 Dollar! Das bringt Tom mehr oder weniger 9,3345 Prozent in beide Richtungen. Also, wenn Sie Geld wechseln wollen: FLIEGEN SIE DIREKT NACH KIESKLAU, dem Sparflughafen.

Aber rücken Sie an Thomas Bake vorbei und ziehen Sie nicht 126 Pfund und 58 Pence ein, sondern suchen Sie einen Wechselautomaten (na dann viel Glück: »Den finden Sie im Terminal-Gebäude«, ein paar Mal nach links, dann rechts und so weiter). Meine kanadischen Bankerfreunde sagten mir, dass üblicherweise etwa zwei Dollar Servicegebühr erhoben werden. Die Gewinnmarge beträgt 1 1/2 Prozent. Rechnen Sie 18 Prozent Zinsen im Jahr dazu; angenommen, Sie zahlen Ihre Rechnung in einigen Wochen, macht das weitere 0,7 Prozent. Insgesamt sind das 2,2 Prozent plus ein paar Dollar. Für 100 Dollar macht das 4,2 Prozent; auf 1000 Dollar 2,4 Prozent. Besser, als von Thomas Bake abgezockt zu werden.

Sie finden vielleicht, dass ich ein bisschen grob mit Kiesklau umgesprungen bin. Dann kommen Sie mit mir zum Vancouver Airport. Wenn man Ihnen in Kiesklau das Geld abnimmt, gibt man Ihnen wenigstens etwas davon zurück. Nicht so in Kanada, wo man begriffen hat, was Privatisierung ist. Als man den Flughafen von Vancouver privatisierte, muss ein kanadischer Minister es so ausgedrückt haben: »Der Airport ist nicht blank, also lasst uns Kohle scheffeln.«

Gehen wir kurz durch den Flughafen von Vancouver. Die Schlangen sind furchtbar. Schließlich haben wir das Einchecken hinter uns, nur um uns in einer ganz neuen Schlange wiederzufinden. Das Hinweisschild sagt uns, dass wir einen satten Zehner blechen müssen, wenn wir von hier wegfliegen wollen. Geld für die Erweiterung, heißt es. Hey, Moment mal, sage ich mir, wurde die Französische Revolution nicht begonnen, um mit solchen Praktiken aufzuräumen? Ich muss heute keine Steuern mehr zahlen, um meine Ideen von Fontainebleau nach Paris zu transportieren. Warum werde ich dann zur Kasse gebeten, wenn ich das ach so britische British Columbia verlassen will?

Die Dame vor mir, die sich mit ähnlichen Gedanken trägt, stellt den Kassierer zur Rede. »Das ist unerhört. Ihr Leute lasst mich hier stundenlang Schlange stehen, um einzuchecken, und dann lasst ihr mich Schlange stehen, um euch Geld zu geben, damit meine Nachfahren nicht mehr Schlange stehen müssen.« Nachdem ihr diese Hypothese durch ein Knurren bestätigt wird, fährt meine Mitreisende fort: »Warum muss ich jetzt dafür bezahlen, dass ihr die Sache später in Ordnung bringt? Angeblich wurde dieser Flughafen *privatisiert*. Wisst ihr Wirtschaftstypen nicht, was ›Investitionen‹ sind? Ihr wollt den Profit, Leute, dann spuckt das Geld aus.« Aber unser Fluggast ist sich nicht bewusst, wie effektiv die Privatisierung durchgeführt wurde, denn der Kassierer antwortet: »Zehn Mäuse, Oma, oder dein Arsch bleibt in British Columbia.« Wenn nur die Bastille in der Nähe gewesen wäre.

N'gara in Nordwest-Tansania ist das, was ich mir unter einem anständigen Flughafen vorstelle. Selbst der Apostroph verleiht ihm Klasse. Der Code für N'gara ist »'«. Keine hässlichen, schwarzen Teerpisten in N'gara. Die Landebahn zeigt ein schönes Rostrot, das perfekt zum umliegenden Erdboden passt. Statt irgendwo in einem langweiligen Feld versteckt, liegt dieser Flugplatz hoch oben auf einem Gipfel, mit schönen, weiten Tälern ringsum. Schaut man bei der Landung aus dem Fenster, bietet sich dieser wundervolle Ausblick.

Als ich dorthin flog, hatte N'gara regelmäßige Linienflüge: Das Flugzeug des Roten Kreuzes kam jeden Montag und Donnerstag. Man hätte sogar einen der regulären Sitzplätze bekommen können, wenn sie nicht alle mit Kisten vollgestapelt gewesen wären. Auf diese Weise musste man nicht an der Seite sitzen. Es gab keinen Bus zu den Überlastparkplätzen von N'gara. Doch das schien niemanden zu stören. Die Jeeps mussten allerdings neben der Landepiste parken, damit sie nicht von den Flugzeugen umgestoßen wurden. Der Flughafen von N'gara hatte ungefähr so viele Hütten wie Kiesklau Terminals, jede hoch genug, damit sich bei Regen dort ein paar Leute unterstellen konnten (wenn die Flugzeuge dort sowieso nicht landen können). Aber der Einreisebeamte, den ich sah, fertigte die Passagiere lieber im Sitzen ab, daher arbeitete er aus seinem Auto heraus. Die Regierung Tansanias hatte auch noch keine Notwendigkeit gesehen, einen besonderen Gang für die Päppelklasse einzurichten. Jetzt, wo ich darüber nachdenke, gab es allerdings im Flugzeug des Roten Kreuzes auch gar keine Päppelklasse. N'gara hat seine kleinen Vorzüge.

Natürlich mögen einige sagen, dass es dort sicher auch kleine Probleme gab. So gab es zum Beispiel keine Flughafengebühr, keinen Warenzoll, keinen Thomas Bake, kein SeeNN, um Ihnen zu sagen, wie viel Geld Sie an diesem Tag an der Börse verdient haben, nicht einmal irgendeine Werbung. (Hey, Global Manager, auch N'gara ist ein Teil des Globus.) Am schlimmsten war, dass dieser Flughafen überhaupt nicht einzigartig war. Er war genau wie alles um ihn herum. Keinerlei architektonische Aussage.

In der Hoffnung, die Fehler von N'gara vermeiden zu helfen, habe ich das nächste Kapitel in dieses Buch aufgenommen.

Anne

Wir unterbrechen diese Schmähschrift erneut, um Ihnen *Anne* zu präsentieren, eine weitere Kurzgeschichte, die Ihnen zeigt, warum ich Landungen liebe.

Keine Schuhe in Sicht. Reihe 3 dieses Mal. Nur ein schöner Kopf über eleganten Kleidern. Derselbe, der – weit hinten stehend – alleine eincheckte. Ein schwarzer Kopf, wie alles andere, von den Zehen angefangen. Sie schien zuerst kalt und wirkt auch jetzt kühl. Seitenblicke sind nicht nötig. Sie sitzt zwei Plätze weiter, von wo der Kundenservice naht. So muss er sich bald jede Sekunde in ihre Richtung wenden und sagen: kein Essen, kein Schnaps, kein Kaffee, kein Tee, kein Tee, kein Kaffee. Keine Unterbrechungen? Nicht keine Nüsse. Und nichts, was er teilen könnte, außer Entmutigung. Worin besteht ihre? Wasser für ihn. Sie nimmt alles, plus zwei Flaschen Champagner. Auch eine Art, mit der Versuchung fertig zu werden.

Bei Licht besehen: Warum fliegt sie eigentlich Business Class von Dublin nach London? An einem Samstagabend? Er hat schließlich eine (lahme) Ausrede. (Die übliche.) Dinner, Zeit für Konversation. »Schon lange kalt hier?«*, hätte er fragen können. Aber nein, er ist unhöflich. Hat sowieso genug von der Routine. Außerdem ist sie zu elegant, zu schwarz.*

Selbst wenn er seine neuen braunen Schuhe trägt. Während also der Prachtkopf neben den beiden Champagnersäulen das Essen verschlingt, döst der Glatzkopf unter seiner Wolke der Entmutigung. Langes Telefongespräch vor dem Abflug. Warum muss es immer so kompliziert sein?

Er wacht auf. Die Speisen sind weg, der Champagner auch – beide Flaschen. Sie liest einen Bericht. Ein einsamer Finger fährt über die Seite hin und her und folgt jeder einzelnen Zeile. Was sollte wohl so verfolgenswert sein können? Nicht dies. Hier gibt's keine Geschichte. Unterhalb seines Wassers liegt ihr Buch. Auf niemandes Platz. Vielleicht wird sie es vergessen. Dann kann er sagen: »Äh, verzeihen Sie …« Und sie wird erwidern: »Ach, das ist wirklich sehr freundlich von Ihnen.« In der Zwischenzeit kann er den Titel nicht erkennen. Muss englisch sein. Kann nicht gälisch sein, nicht bei so schwarzem Haar. Sie nimmt ein Flugzeugmagazin, legt es sofort wieder hin. Nicht aus Hamilton.

Dann passiert es. Als sich sein Wasser verabschiedet, reicht aus der Dunkelheit eine elegante Hand herüber – eine Hand, die einst so kalt schien – und klappt sanft ihr gemeinsames Tablett hoch. Einfach so. Sie landen. Sie nimmt das Buch. Er kann sie jetzt nicht unterbrechen. Sie zieht einen eleganten schwarzen Mantel über die eleganten schwarzen Kleider und reicht ihm sorgsam das Bündel seines Mantels, das er auf ihrem abgeladen hatte. Sie warten. Er kann sie jetzt nicht unterbrechen. »Komisch, wie schnell die Leute immer aus dem Flugzeug wollen, bei Zügen haben sie es nicht so eilig.« Überhaupt nicht komisch, geschweige denn clever. Sie lächelt trotzdem, ein warmes, weißes Lächeln.

Sie gehen hinaus, sie zuerst. Er schnappt sich einen freien Wagen und lädt seine schwere Aktentasche ab. Da gehen sie,

die Korridore von Heathrow hinunter. Ein Rollband erscheint
zur Linken. Sie geht nach rechts. Geht schnell, gewandt.
Ziemlich gewandt, aber nicht schnell genug. Er kommt als
Erster heraus. Sie geht schneller, gewandter, überholt ihn.
Wieder ein Rollband an der Seite. Sie geht wieder rechts.
(Wird sie es nie lernen?) Er huscht vor ihr heraus, in einen
langen, schmalen Korridor. Keine Chance, ihn jetzt zu über-
holen. Ha!

Klick, klick, klick machen diese flinken schwarzen Schuhe
nicht weit hinter ihm. Durchdringender Klang. Klick, klick,
klick. Kilometerweit sonst niemand. Nur dieses bemerkens-
werte Geräusch – klick, klick, klick.

Ein Gepäckband taucht auf. Sie warten beide. »Kommt
hier das Gepäck aus Dublin?«, fragt er. »Dublin? Wie soll ich
das wissen? Ich komme gerade aus Rio«, hätte sie antworten
können und sich damit ganz aus der Affäre gezogen. Aber
nein. »Ja«, sagt sie. »Normalerweise kommt es hier an.« Sie
kommt näher heran, um zu reden. Jetzt fliegen diese beiden,
ganz allein, immer noch in den Wolken. Seine Tasche kommt.
Er legt sie auf den Wagen und wartet. Dann kommt ihre
Tasche. Sie stellt sie vor die Füße und wartet. Sie warten
gemeinsam, betreiben gepflegtes Gespräch: »Ist das Ihre ein-
zige Tasche?«, fragt sie schließlich. »Ja«, antwortet er. »Meine
auch.« Er bietet ihrer Tasche einen Platz auf seinem Wagen
an. So fahren sie aus der Ankunftshalle ab.

In der Haupthalle fragt er, wohin sie fährt. »Westlondon«,
antwortet sie. Er sagt ihr, wohin er will: »Ist das in Westlon-
don?« Sie glaubt ja. Sie werden sich ein Taxi teilen. Aber
zuerst muss sie einen Anruf machen. Ein Handy erscheint.
Schwarz, anders als ihr Gemüt. Niemand zu Hause. »Tut mir
leid, dass Sie warten mussten«, sagt sie. »Entschuldigen sich

die Iren immer für alles, wie die Engländer?«, fragt er. »Ja«, antwortet sie mit dem Anflug eines irischen Akzents, »nur, dass sie es wirklich so meinen!« Er liebt die Iren! Wirklich.

Hinein in das Taxi steigen sie, die Lady in Black im schwarzen Wagen, gefolgt vom Herrn in Braun. Neue Schuhe. Viele Gemeinsamkeiten (keine Entmutigung mehr). Sie liebt Dublin, hat ihr Leben dort verbracht. Scheint jedoch hin und wieder für den Rest des Wochenendes nach London zu flüchten. Er hat gerade zwei Tage in Dublin verbracht und mochte es sehr. Schicksal? Nein – das schlägt in einem Buch nie zweimal zu.

Und die verdammte Frage, er muss diese verdammte Frage stellen. Sie betreibt einen Schönheitssalon in Dublin Fair City, um die Mädchen dort um so vieles schöner zu machen. Hat sechs Angestellte und fünf Teilzeitkräfte dazu, macht viele Überstunden. Er schreibt, sagt er, unter anderem ein Buch mit dem Titel Wie ich lernte, das Fliegen zu hassen. (Das erzählt er allen.) Er erläutert es ihr. Sie lacht. »Also deshalb haben Sie nichts gegessen. Sie trinken in Flugzeugen nur Wasser.« Aha, von allen Beteiligten wurde offenbar schon mehr festgestellt als das Geschlecht. Müssen die neuen Schuhe sein. Fantastisch.

Sie versucht erneut zu telefonieren. Immer noch keine Antwort. Ernste Entwicklungen zeichnen sich ab. Sie soll sich mit Freunden treffen, hat aber die Adresse im Laden vergessen. Eine weitere Adresse taucht auf: Seitenstraße der Oxford Street. Davon kann es nicht viele geben.

Später wird aus den Freunden »Peter«. »Ich kenne Peter«, sagt sie, »er schläft seinen Rausch aus.«

Als die Kilometer durch die Taxiuhr ticken, wird die Lage kritischer. Nun, tatsächlich verbessert sie sich – zumindest,

was die Fahrt angeht, nicht den Zielort. Weitere Anrufe.
Immer noch kein Peter. Sie hinterlässt ihm eine Nachricht,
versucht es bei sich im Laden. Keiner mehr da. Was tun?

Er hat eine Idee. (!!) »Vielleicht finden wir seine Adresse
im Telefonbuch.« Vielleicht kann der Fahrer anrufen: »Ent-
schuldigen Sie, Fahrer …« – »Wie ist sein Name?«, fragt der
Fahrer. »Peter!«, verkündet er stolz. »Ach, also einer der
Apostel«, schießt der Mann zurück, der schließlich für die
Fahrt, nicht die Ermittlung des Zielortes zuständig ist.

Und was nun? Alle guten Dinge müssen zu einem Ende
kommen, auch wenn niemand in Eile ist. Sie ist ausgelassen,
er frisch gestärkt. (Was, er und entmutigt?) Auch der Fahrer
genießt es (während sein Taxameter läuft). Was für ein Team!

»Welche Seitenstraße der Oxford Street?«, fragt der Fah-
rer. Wer weiß? »Ich glaube, sie beginnt mit B«, sagt die Lady
in Black, die auch einen Namen haben muss. Die Straße hat
einen Namen. »Berners«, stößt der Fahrer hervor. »Ich glaube,
das ist sie!«, erwidert sie ebenso spritzig. Da kann es nicht
mehr als ein paar hundert Wohnungen geben. »Es ist nah an
der Ecke«, hatte sie gesagt.

Es muss an diesem Punkt sein, dass er sie fragt, ob sie beide
Flaschen Champagner getrunken hat. »Nein, ich habe eine
eingesteckt.« – »O. K., dann sei Ihnen verziehen.« Aber nicht
dafür, so entzückend zu sein. Genau betrachtet: Warum müs-
sen eigentlich alle guten Dinge zu Ende gehen?

Der Fahrer hat die Idee, dass Peter vielleicht in Terminal 2
wartet. »Sie sind in Terminal 1 angekommen, aber dieser
Flug kommt gewöhnlich in Terminal 2 an.« Welcher Flug,
Fahrer? »Nicht Peter«, sagt die Lady ohne Namen. »Ich
kenne Peter. Er ist zu Hause und schläft seinen Rausch aus.«
Allzeit hilfsbereit schlägt der Fahrer vor, in einem Schlafsack

auf der Straße zu kampieren, bis Peter aus seinem Rausch erwacht. Aber wo soll man einen schwarzen finden, der elegant genug ist, um so einen Körper zu zieren?

Sie kommen zu seinem Hotel. Das gute Ding muss nun enden. Oben auf dem Treppenabsatz erscheint ihr Haar noch schwärzer. Kann der Rezeptionist helfen? Sie gehen hinein. Der Rezeptionist versucht es mit dem Telefonbuch. Kein Glück. Kein Peter in einer Seitenstraße der Oxford Street.

Er muss gehen. Wie wird das gute Ding enden? Plötzlich ein Aufschrei: »Peter!« Der verkaterte Apostel ist ans Telefon gegangen. Sie kennt ihren Peter tatsächlich! Sie schüttelt kräftig seine Hand und dankt ihm überschwänglich. Dann schüttelt sie noch einmal seine Hand und dankt ihm noch überschwänglicher. Sie meint es so! Sie ist Irin! Sie tauschen ihre Visitenkarten aus – seine Nummern auf seiner, ihre Nummern auf seiner. (Sie kann auch ihre Karten nicht finden.) Dann schüttelt sie noch kräftiger seine Hand und weg ist sie. Einfach so.

Ach ja, ihr Name. Sie hat tatsächlich einen: Anne. Kein Scherz, sie sagte »Anne«. So findet sich später die Geschichte wieder, die von Anne auf der Rückseite von Anas. Verrücktes Gekritzel – aber gut im Gedächtnis behalten.

13
Die Regeln für den perfekten Flughafen

Ob Sie es glauben oder nicht, dieses Kapitel präsentiert eine Aufgabenbeschreibung. *Es sieht nur wie eine Strategiebeschreibung aus. Die meisten Aufgabenbeschreibungen sind kurz, markig und bedeutungslos. Diese ist lang, pedantisch und bedeutungslos. Die meisten Aufgabenbeschreibungen kommen mit einem Vokabular von 29 Wörtern aus, darunter »inspirieren«, »dynamisch«, »wirklich« und »Menschensindunsergrößteskapital«. Diese besteht aus 29 wirklich dynamischen und inspirierenden Ideen. Bescheidenheitistnichtdesautorsgrößteskapital.*

Hier schreibt Ihr Autor: Dieses Kapitel basiert auf einem Dossier, das mir ein unzufriedener Flughafenangestellter heimlich zugesteckt hat – er/sie wurde dafür zurechtgewiesen, das Leben eines Fluggastes leichter gemacht zu haben. Ich könnte in Schwierigkeiten kommen, wenn es zu bekannt wird: Sie haben, wie Sie wissen, Mittel und Wege, mein Gepäck zu verlieren. Also bitte versprechen Sie, es keinem Flughafenmenschen zu zeigen. Sollten Sie das dennoch beabsichtigen, lesen Sie es trotzdem, denn wenn Sie damit durch sind, werden Sie nicht mehr beabsichtigen, es einer solchen Person zu zeigen. Sollten Sie selbst so eine Person sein – Ihr Pech. Bitte beachten Sie außerdem, dass dieses Kapitel nicht in einem Flugzeug gelesen werden sollte. Es ist viel zu lang, man wird Sie ständig unterbrechen. Es ist für die Lektüre in einem Flughafen geschrieben. Tut mir leid, dass es so kurz ist.

Es sollte von vornherein unmissverständlich klar sein, dass Flughäfen nicht dafür da sind, Passagiere zu ihrem Flugzeug zu bringen. Das ist ein Mythos, der von Generationen von Werbekampagnen verbreitet wurde. Wenn Sie das wirklich glauben, werden Sie nichts vom Folgenden verstehen.

Flughäfen gibt es aus zwei Gründen: erstens, um die Rendite der Aktionäre zu maximieren, während die Passagiere auf dem Weg zum Flugsteig sind, den leider Gottes die meisten Passagiere schließlich doch erreichen müssen; zweitens zur Freude des Bodenpersonals, der »Groundies«. Ein Groundie ist ein Groupie, der oder die für einen Flughafen arbeitet.

Aus irgendeinem Grund treffen Menschen, die kurz davor stehen, in die Luft geschleudert zu werden, auf Flughäfen in einem Zustand großer Beklemmung ein. Sie haben Angst, ihre Flugzeuge zu verpassen, und noch größere Angst, sie nicht zu verpassen. Der Zweck eines Flughafens ist es, diesen Zustand großer Beklemmung in schieres Entsetzen zu verwandeln, was für die Eigner einträglich und für die Groundies unterhaltsam ist. Die meisten Flughäfen haben in dieser Hinsicht schon Großes geleistet. Aber viel bleibt noch zu tun. Daher dieses Dokument.

Regeln, um die Annäherung
an den Flughafen zu behindern

1. Es versteht sich von selbst, dass es umso besser ist, je mehr Terminals es in einem Flughafen gibt und je größer die Distanz zwischen ihnen ist. Wo Entfernungen gering sind, empfehlen wir, einen Magen-Darm-Spezialisten zu beauftragen, die Straßen zwischen den Terminals zu planen.

2. Geben Sie niemals zu erkennen, was in den verschiedenen Terminals vor sich geht. Das geht außer Ihnen niemanden etwas an. Dies ist besonders wichtig, wenn es Ihnen gelungen ist, die Flüge von den verschiedenen Terminals willkürlich starten zu lassen, sodass niemand mehr herausfinden kann, was los ist. Wenn Sie gezwungen sind, auf den Zufahrtsautobahnen erklärende Hinweistafeln aufzustellen, stellen Sie sicher, dass sie von den ankommenden Passagieren nur gelesen werden können, wenn sie langsam daran vorbeigehen.

3. Damit das funktioniert, ist es unerlässlich, die Reisebüros zu instruieren, niemals die Nummer des Terminals auf das Ticket zu drucken. Zum Glück war das bislang kein Problem, außer bei den lokalen Reisebüros, die das nicht zu begreifen scheinen. Aber das ist akzeptabel, da die örtlichen Fluggäste gewöhnlich eh wissen, was gespielt wird. Sollte irgendein anderer Passagier dumm genug sein, wegen solcher Informationen den Flughafen anzurufen, besonders zu Ferngesprächstarifen, folgen Sie der beispielhaften Praxis der Fluggesellschaften und beantworten Sie den Anruf sofort mit einer aufge-

zeichneten Nachricht, die alle sieben Sekunden wiederholt wird: »Wir freuen uns, dass Sie unser Kunde sind.«

4. Setzen Sie Buslinien zwischen den Terminals in regelmäßigen Intervallen ein, zum Beispiel zu allen ungeraden Stunden. Hängen Sie die Fahrstrecke in Form von winzig kleinen Zetteln an der Windschutzscheibe der Busse rechtwinklig zu den einsteigenden Fahrgästen auf. Gehen Sie sicher, dass die Busse regelmäßig überall dort halten, wo im vergangenen Jahrzehnt einmal ein Passagier gesichtet wurde. Verbieten Sie ihnen jedoch, dort zu halten, wo gewöhnlich zahlreiche Fluggäste warten, denn das erhöht nur das Geschiebe und Gedrängel. Es ist eine gute Idee, die Türen des Busses vor einer Betonwand zu öffnen, wie auf Terminal 1 des Pariser Charlie-der-Gallier-Flughafens.

5. Machen Sie das Kurzzeitparken so bequem wie möglich. Nehmen Sie 40 Mark pro Minute. »Langzeitparken«, so genannt wegen der Zeit, die man braucht, um zum Terminal-Gebäude zu gelangen, sollte zu einem Bruchteil dieser Gebühr bereitgestellt werden (drei Viertel).

Regeln, um das Hineinrollen in den Flughafen zu behindern

1. Gepäckwagen sind besonders problematisch, daher sind eine Reihe von Regeln strikt zu befolgen. Am wichtigsten ist es, dass bei jedem Wagen ein Rad quer zu

den drei übrigen steht. Jedem Passagier, der sich darüber beschwert, können Sie den Unterschied zwischen einem Gepäckwagen und einem Ökonomen erklären: Nur einer von beiden hat einen eigenen Kopf. Das Fabrizieren solcher Witze in dieser sonst so ordentlichen Atmosphäre sollte von Zeit zu Zeit gefördert werden.

2. Gepäckwagen können auf zweierlei Weise angeboten werden: *gebührenfrei*, wie in einem Großteil Europas und Kanadas immer noch bevorzugt (alles Sozialisten), und *voll gebührenpflichtig* wie in den stärker unternehmerischen USA. Nur die teuren Gepäckwagen sollten bequem zu erreichen sein, zum Beispiel dort, wo die Passagiere am Flughafen eintreffen. Wenn Sie die gebührenfreien Wagen im hinteren Teil des Terminal-Gebäudes unterbringen, erhöhen Sie die Wirkung der Wagensammler. Unterschätzen Sie nie die Schrecken erregende Wirkung auf die Passagiere, wenn jemand, dem die Sicht nach vorne versperrt ist, eine Gepäckwagenschlange von einem halben Kilometer Länge durch einen gefüllten Flughafen schiebt.

3. Unter keinen Umständen dürfen diese Wagen so gestaltet sein, dass sie mehr tragen als kleine, rechteckige Koffer. Leute, die mit großen, weichen Taschen, Skiern, Fahrrädern und anderen sperrigen Gepäckstücken reisen, müssen bestraft werden – durch sarkastische Blicke der Mitreisenden, wenn ihre geschätzten Besitztümer auf den Boden knallen. Wir haben gehört, dass einige Passagiere Gummipuffer um die Gepäckwagen ver-

langt haben, wie beim Autoscooter auf dem Jahrmarkt. Wir, die Leute vom Flughafen, sind darüber nicht erfreut. Das ist eine ernste Sache. Wir empfehlen Stacheldraht.

4. Die Gepäckwagen zu finden ist das eine, sie tatsächlich zu benutzen etwas ganz anderes. Die Sicherheitskontrolle spielt hier eine wichtige Rolle, die wir besonders zu schätzen wissen: Sie zwingt die Passagiere, ihre Wagen gleich wieder zu leeren, nachdem sie ihren Weg zum Flugsteig kaum begonnen haben. Dass Passagiere diese Wagen für nützlich halten, um damit die eine Minute bis zur Sicherheitskontrolle zurückzulegen, beweist ja noch lange nicht, dass sie sie auch für die vielen Minuten auf dem Weg zum Flugsteig benötigen. Lassen Sie die Passagiere alle Gepäckstücke aufgeben oder mit leichtem Gepäck reisen – sie können sich ja beim Warenzoll immer noch Kuchen kaufen.

5. Rolltreppen sollten gegenüber Fahrstühlen bevorzugt werden, denn auch sie unterbrechen die Reise zum Flugsteig. Doch auch Fahrstühle können diese Funktion erfüllen. Die Idee ist, sie sorgfältig an dunkle Orte hinter Gebäudeecken zu setzen, damit die hineinfahrenden Gepäckwagen die herauskommenden blockieren können. Jeder Fahrstuhl sollte genau 1,8 Gepäckwagen aufnehmen können. Die beste Wirkung haben die Fahrstuhltüren. Bislang hatten sie eine besondere Vorrichtung, die sie schloss, sobald herausfahrende Gepäckwagen den Fahrstuhl verlassen hatten. Das neue, verbesserte »Bulldoggen«-System lässt sie ein bisschen länger offen.

Auf diese Weise können sie die Arme eintretender Passagiere einklemmen und sie für quälend lange Zeiträume festhalten, bevor sie sich schließlich schrittweise und unerbittlich schließen.

Regeln, um das Einchecken zu behindern

1. Es gibt vielfältige Möglichkeiten, um jene Passagiere zu entnerven, die unbedingt einchecken wollen. Am besten ist eine einzige Schlange, zumindest für die Economy Class, umgeben von leeren Reihen für die Business Class, First Class und Upper Class, wo sich jeweils mehrere Abfertiger damit beschäftigen, ihre Fingernägel zu maniküren. Für die Gestaltung dieser einen, langen Reihe holen sie wieder den Magen-Darm-Spezialisten. Der Trick besteht darin, zahlreiche Windungen zu schaffen, die so eng sind, dass jeder abbiegende Gepäckwagen aufgegeben werden muss. Damit sind die nötigen Vorkehrungen getroffen.

2. Anders, als sie vielleicht erwarten, bevorzugen wir keine langen Wartezeiten in diesen Schlangen. Der Trick besteht vielmehr darin, sie so beständig wie unmerklich in Bewegung zu halten. Auf diese Weise haben die Passagiere nie die Chance, ihre Taschen abzustellen und sich auszuruhen, oder besser noch, sie müssen sie ständig wieder hochheben. Diese »Eincheck-Polka« sieht außerdem viel besser aus als die »Gepäckkrampf-

polonäse«. Für jene Schlauköpfe, die versuchen, ihre Taschen an einer Biegung abzustellen, um sie an der nächsten wieder aufzuheben, bieten sich zwei Lösungen an. Die Engländer sprengen das Gepäck auf der Stelle in die Luft. Aber das ist, offen gesagt, eine schmutzige Angelegenheit. Wir ziehen die amerikanische Lösung vor, die das Problem einfach den Dieben und Robin Hoods überlässt, die durch die Flughäfen streunen.

3. Wenn – und falls – die Passagiere den Schalter zum Einchecken erreichen, bieten Sie ihnen eine große Zahl von Gepäckzetteln in zwei Ausführungen an: Glanz- und Wachspapier. Stellen Sie Filzschreiber bereit, die den Fluggästen die Finger beschmieren und die Schrift unleserlich machen. Die Spitzen dieser Stifte sollten breit sein, um sicherzustellen, dass die winzig kleinen Felder auf den Zetteln ganz ausgefüllt werden.

4. Was die Ansagen angeht, folgen Sie nicht dem Beispiel der Fluglinien. Diese Leute reden zu viel, zu laut und vor allem zu deutlich. Eine Option ist, Ansagen überhaupt zu verbieten, besonders in Geschäften und Restaurants. Studien haben ergeben, dass Leute, die ihr Flugzeug verpassen, mehr kaufen als jene, die es erwischen. Eine andere Möglichkeit besteht darin, Ansagen immer dann zu erlauben, wenn die Akustik besonders schlecht ist, wofür es in Flughäfen viel Spielraum gibt. Eine dritte Option sind derart häufige Ansagen, dass sie in ein beständiges Kreischen übergehen. Der O'Roar- oder Brüllflughafen von Chicago, dessen Ansagen donnernd,

nervtötend und unerbittlich sind, ist in dieser Hinsicht besonders zu empfehlen. Es sollte auch daran gedacht werden, winzig kleine Fernseher mit gewaltigen Lautsprechern zu installieren, die fest auf vollkommen banale Sender eingestellt sind. (Hier ist die Auswahl riesig.) Die Leute sollten in Flughäfen nicht die Möglichkeit haben zu denken, geschweige denn, sich zu entspannen.

Regeln, um das Erreichen des Flugsteigs zu behindern

1. Regel Nummer eins ist hier, den Parcours zu den Flugsteigen so zu gestalten wie das Spalier, mit dem nordamerikanische Ureinwohner früher ihre Gefangenen willkommen hießen. Vergessen Sie nicht, die Tomahawks durch Geschäfte zu ersetzen. Wo der Raum für Geschäfte begrenzt ist, sollten Sie darüber nachdenken, eine oder mehrere Start-und/oder Landebahnen zu beseitigen.

2. Wir bitten Sie inständig, die Sicherheitskontrollen nicht anzutasten: Sie sind so perfekt, wie sie nur sein können. Wir sind hoch erfreut, Ihnen berichten zu können, dass die meisten Flughäfen mittlerweile die »Entweder/Oder«-Ausstattung haben. In der »Spürnasen«-Einstellung können die Detektoren Metallreißverschlüsse aufspüren; in der »Blei«-Einstellung lassen sie eine leere, 30 Zentimeter lange Artilleriegranate durch, die nach

Schießpulver riecht, ohne Alarm auszulösen.* Die erste
Einstellung ist vorzuziehen, nicht aus Sicherheitsgrün-
den – das ist das Problem der Fluggesellschaften, nicht
unseres –, sondern weil es grenzenlose Möglichkeiten
eröffnet, die Fluggäste zu erniedrigen. Nachdem sie
ihre Taschen geleert und ihre Mäntel, Uhren, Brillen und
Pistolen abgelegt haben, ganz zu schweigen von den
Ringen an ihren Ohren, Nasen und Hälsen, doch immer
noch nicht den Test bestanden haben, schicken Sie sie
ohne Gürtel erneut durch den Detektor. Erst dann
geben Sie zu erkennen, dass es der Reißverschluss ihrer
Hose ist, der das Problem verursacht.

3. Wenn die Entfernungen zwischen den Flugsteigen kurz
   sind, können Sie daran denken, Laufbänder zu installieren, aber erst, nachdem alle Möglichkeiten für Ge-
   schäftsflächen ganz erschöpft sind (von den Passagieren
   ganz zu schweigen). Stellen Sie sicher, dass diese Bänder
   nur gelegentlich laufen. In England, wo die Menschen
   darauf trainiert sind, ganz rechts zu stehen, gestalten
   Sie die Bänder nur einen Zentimeter breiter als zwei
   Gepäckwagen nebeneinander. Andernorts sind breitere
   Bänder akzeptabel, da sie jedem die Möglichkeit geben,
   sich breit zu machen. Japan bietet in dieser Hinsicht

---

* Ich bin's. Tut mir leid wegen der Unterbrechung. Sie glauben vielleicht, dass ich
übertreibe, aber ich nahm einmal an einer Zeremonie in Schweden teil, bei der
so eine Granate abgefeuert wurde, die man mir dann als Andenken schenkte.
Einige Tage später hatte ich sie in meinem Handgepäck, als ich eine Kanalinsel
verließ, deren Name wie eine Rinderrasse klingt. Die mehreren Pfund Metall
passierten unbeanstandet die Sicherheitskontrolle. Zugegeben, die Kontrolle
wurde per Hand durchgeführt. Vielleicht hielt man das Ding für eine Milch-
kanne.

besondere Möglichkeiten. In Tokio stehen die Menschen links, in Osaka rechts. Zum Glück besuchen sie sich gegenseitig. Wer seine Mitreisenden am meisten verwirrt, kann mit einem Preis belohnt werden – zum Beispiel aufgewärmtes Kobe-Kalbsfleisch.

4. Die Gestaltung der Flugsteigbereiche war immer ein schlimmes Problem, wir glauben jedoch, dass es nun gelöst ist. Kalkulieren Sie sorgfältig die wahrscheinlichste Zahl von Reisenden, die von jedem Flugsteig abfliegt, und stellen Sie genau einen Sitzplatz weniger zu Verfügung. Ist die Zahl der Fluggäste geringer, können Hinweisschilder mit der Aufschrift »Plätze für Passagiere und ihr Handgepäck« aufgestellt werden. Berichten zufolge hatten Passagiere an diesen Orten gewisse Probleme während der langen Verzögerungen durch Unwetter. Wie tief können diese Leute sinken? Es müssen sofort Schritte unternommen werden, alle Teppiche durch vulkanischen Bimsstein zu ersetzen.

5. Die überdachten Gangways zum Flugzeug bieten uns die letzte Möglichkeit zur Attacke auf die Fluggäste, also setzen Sie sie bitte überlegt ein. Sie wurden gegen unseren gut begründeten Willen eingeführt: Wir konnten nie verstehen, was falsch daran war, dass die Passagiere mit sturmartigen Winden und Schneegestöber zu kämpfen hatten, bevor sie an Bord gehen konnten. Jetzt ist es zu spät. Die Gangways haben außerdem zu viel Charakter. Sie sollten bescheidener gestaltet werden, um zum schönen Dekor des übrigen Flughafens zu passen. Tatsächlich ziehen wir die neuen Pendelge-

fährte vor. Die Passagieren scheinen sie zu lieben – man braucht nur zu beobachten, wie nervös sie darauf warten, einsteigen zu dürfen. Wir lieben sie auch, denn sie bringen zwei zusätzliche Wartezeiten. Gestalten sie diese Vehikel birnenförmig, sodass der meiste Platz hinten ist. Vielleicht begreifen die Fluggäste, dass sie nach hinten durchgehen müssen. Verleihen Sie Boxhandschuhe an diejenigen, die nicht einsehen wollen, warum die zuletzt Eingestiegenen vor ihnen ins Flugzeug kommen sollen.

6. Wenn Ihre verehrten Kunden gerade ins Flugzeug einsteigen wollen, sollten Sie schließlich eine letzte verzweifelte Anstrengung unternehmen, noch ein bisschen mehr Shareholder Value aus ihnen herauszuschlagen: Bieten Sie ihnen das wunderbare Buch *Wie ich lernte, das Fliegen zu hassen* zum Kauf an, mit einem angemessenen Rabatt, weil Sie Kapitel 12 und 13 herausgerissen haben.

Regeln, um die Rückkehr der Passagiere zu behindern

1. Sie kommen alle wieder, wie Sie wissen: So wie alles, was hochgeht, auch wieder herunterkommen muss, müssen Leute, die weggehen, auch wiederkommen. Was Gangways, Fluggastvehikel, Gepäckwagen und Ähnliches angeht, sind die Regeln bei der Ankunft ganz ähnlich wie bei der Abreise. Aber es eröffnen sich auch

besondere Möglichkeiten. Zum Beispiel sollten die voll gebührenpflichtigen Gepäckwagen in der Ankunftshalle für internationale Flüge alle erdenklichen lokalen Münzen akzeptieren. Das garantiert, dass die örtlichen Bürger – also das Wahlvolk – gut versorgt sind. Natürlich könnte jemand, der länger als ein paar Tage im Ausland war, nicht die richtigen Münzen in der Tasche haben. Aber offen gesagt sind Flughäfen für solche Leute nicht verantwortlich: Wenn sie bei ihrer Abreise nicht zuallererst daran gedacht haben, zum Teufel mit ihnen.

2. In der Ankunftshalle sollten Toiletten vermieden werden, wo immer sie benötigt werden. Sanitäre Anlagen sind eine schmutzige Angelegenheit. Wo sie bereitgestellt werden müssen, verstecken Sie sie in dunklen Ecken. Für jedes Pissoir stellen Sie genau eine Toilette für die Frauen zur Verfügung. Auf diese Weise können die Frauen lernen, die Männer nicht warten zu lassen.

3. Die erste Wechselstube darf erst nach den voll gebührenpflichtigen Gepäckwagen auftauchen. Wir raten, die heute gebräuchlichen kleinen Würfelkioske durch Kamelhautzelte zu ersetzen, in denen die Leute trainiert werden, Dinge zu sagen wie »Weil Sie es sind, biete ich für das hübsche Pfund 1,25 kanadische Dollar. Das ist mein so gut wie letztes Angebot.« Wechselautomaten können in den Dörfern in der Nähe des Flughafens aufgestellt werden.

4. Vergessen Sie nicht, dass die Einreisekontrolle den ersten Eindruck von Ihrem Land prägt. Daher muss auf

die Gestaltung dieses Bereichs große Sorgfalt verwandt werden. Zum Glück haben sich drei Modelle bereits fest eingebürgert (sowie ein viertes, das wir unmissverständlich ablehnen). Jedes davon hat seine eigenen liebenswerten Züge, die in wunderbarer Weise die Kultur repräsentieren, denen es entsprungen ist.

• *Das Britische Krallenmodell.* Großbritannien ist natürlich das Land des Schlangestehens. Die Menschen dort lieben das Schlangestehen, selbst wenn sie nirgendwohin wollen. Daher sind britische Schlangen sorgfältig so gestaltet, dass sie sich vor- und zurückschlängeln, bis die Wartenden schließlich einer nach dem anderen auf die Einreisebeamten verteilt werden. Weit hinter der Absperrung ist eine Batterie von Beamten aufgereiht, die eifrig ihr nächstes Opfer erwarten. Der Passagier bemerkt, dass ein Beamter frei wird, und setzt sich in Bewegung. Genau an diesem Punkt taucht Die Hand auf und krallt sich in seine Schulter. Die Hand gehört zum Wachmann des Flugsteigs, dort aufgestellt, um zu gewährleisten, dass sich niemand auf den langen Treck zu einem Einreisebeamten macht, ehe der abgefertigte Passagier längst das Weite gesucht hat. Diese Wachleute leben für den Augenblick, in dem sie sagen können: »Nummer 141, bitte.« Sollte ein Passagier die Bemerkung wagen »Aber Nummer 14 wird frei und ist nur drei Minuten entfernt«, wird er oder sie damit bestraft, auf Nummer 144 zu warten, wo der Beamte eine vierzehnköpfige Familie aus Afghanistan abfertigt. Dies ist, wie Sie sehen, eine Schlange, die nicht ohne Kralle auskommt.

- *Das Französische Vorbeischlängelmodell.* In gewisser Weise ist das in Frankreich bevorzugte Modell effizienter. Die Schlange dort wurde – oder hat sich eher von selbst – zu einer trichterähnlichen Form entwickelt. Die Franzosen mögen keine langen Schlangen, daher ist dieses Modell auf eine Länge von drei Metern gestutzt. Sie hat sich dafür jedoch auf 312 Meter verbreitert (wobei die Halle 300 Meter breit ist, mit sechs Meter hohen Wänden an jeder Seite). Die Tausende von Menschen, die darauf warten, ihre Pässe vor uninteressierten Einreisebeamten zu wedeln, üben sich einfach in dem berühmten französischen Sport, der als *Das Vorbeischlängeln* bekannt ist. Sie bewegen sich ständig seitwärts, um einen Vorteil gegenüber ihren Landsleuten zu erringen. (Im Französischen ist die Kontrolle von Menschenmengen ein Widerspruch in sich.) Es gibt natürlich ein Problem für die Leute in der Mitte. Aber das fällt kaum ins Gewicht, da niemand von ihnen Franzose ist. Tatsächlich versucht einem Gerücht zufolge im Flughafen Orgy ein Ehepaar nun schon seit drei Jahren, an die Spitze der Schlange zu gelangen. Offenbar Briten. (Wir müssen hier darauf hinweisen, dass die Überholspur für die Business Class im Flughafen Kiesklau die höfliche britische Version des französischen Vorbeischlängelmodells ist.)

- *Das Amerikanische Evolutionsmodell.* Die USA standen einem ganz anderen Problem gegenüber. Seit der Schließung von Ellis Island, wo einst die Einwanderer ankamen, war man auf der Suche nach einer anderen Methode, um Einreisende abzufertigen. Die vom New Yorker John F. Kennichdie Airport erarbeitete Lösung ist durch und durch brillant, denn dort wurde diese höchst öffentliche Dienstleistung praktisch privatisiert. Amerika ist natürlich das Land des »survival of the fittest«, in dem der Tüchtigste überlebt, und so floss dieses Konzept in die Gestaltung der Ankunftsschlangen des Kennichdie-Flughafens ein. Regierungsbeamte müssen die eintreffenden Passagiere nicht einmal mehr überprüfen. Jeder, der es auf diesem Flughafen tatsächlich an die Spitze einer Einreiseschlange schafft, erhält automatisch sofort die Staatsbürgerschaft.*

- Wir sind unabänderlich gegen ein viertes Modell, und dies in einem solchen Maße, dass wir uns weigern, es kursiv zu schreiben, geschweige denn in Großbuchstaben: das kanadische Separatistenmodell. Wie so vieles andere in diesem unseligen Land funktioniert diese Art der Massenkontrolle vielleicht in der Praxis perfekt, jedoch in der Theorie einfach überhaupt

---

* Ich bin's wieder, mit einer kleinen Geschichte. Ein Ehepaar, das ich kenne, wartete in diesem Flughafen auf die Großmutter der Frau. Die betagte Dame aus Belgien kam zum ersten Mal nach Amerika. Als sie schließlich herauskam, erkannten die beiden, dass sie geweint hatte. Ihre Enkelin hatte sie gebeten, spezielles belgisches Babypuder mitzubringen, das sie in hübsche kleine Plastikbeutelchen umgefüllt hatte. Sie wurde am Zoll angehalten – belgische Großmütter sind besonders gefährlich –, und eine Durchsuchung förderte die Beutel zutage. Der Kerl vom Zoll unterzog sie dann einer verschärften Befragung. Als sie nicht in der Lage war, den Namen ihres Turnlehrers in der dritten Klasse zu nennen, spitzte sich die Situation zu. Warum der Kerl das Zeug nicht probiert hat – Sie wissen, wo –, können wir nur raten. Schließlich ließ er sie gehen. Nun frage ich Sie: Wer von beiden war der Drogendepp?

nicht. Wenn Leute zum Beispiel im Montrealer Durch-wahl Airport ankommen, erlaubt man ihnen in der typisch kanadischen Art, sich auf verschiedene Schlangen zu verteilen. Englisch und Französisch sprechende Kanadier können dabei sogar in dieselbe Schlange geraten. Das bedeutet, dass niemand sagen kann, ob sie gut gegessen oder fürchterlich gelitten haben, wenn sie über »pain« und »pois(s)on« sprechen. Außerdem wechseln die Leute ständig von einer Schlange in eine andere. (Diese Kanadier können sich nie entscheiden.) Keine Krallenhände, nichts zu umschlängeln, kein Überlebenskampf. Warum kann sich Kanada nicht benehmen und, wie sonst auch, Groß-britannien, Frankreich oder die USA kopieren? (Im Tokioter Na Rita Airport, weniger als eine Tagesreise von Tokio entfernt, hat man das kanadische Seperatistenmodell für die Einheimischen und das britische Krallenmodell für die Ausländer eingeführt, eine originelle Idee.)

5. Jenen Passagieren, die das Glück haben, die Einreise-kontrolle zu überwinden, steht die unvergleichliche Freude der Gepäckankunft bevor. Malen Sie sich aus, wie gespannt alle auf die Rückkehr ihrer geliebten Besitztümer warten, die mit der ersten Bewegung des Bandes erscheinen. Aus diesem Grund sollte das Band so früh wie möglich in Gang gesetzt werden. Schicken Sie so lange wie möglich nichts los und bieten Sie dann gelegentlich einen der Koffer an, die von einem früheren Flug übrig geblieben sind. Und vergessen Sie nicht, mehrere von diesen Gepäckbefleck-

Maschinen im verborgenen Teil des Förderbandes zu installieren.

6. Etwas, was wir völlig inakzeptabel finden, ist der Moment der Gepäckankunft. Das ist ein absolutes Chaos, in dem Passagiere sich in jeder erdenklichen Weise anstellen, übereinander fallen und sich Zehen und Knöchel brechen, um ihr Gepäck zu retten, wenn es herunterkracht. Was für eine schändliche Verschwendung. Wir fordern jeden Flughafen nachdrücklich dazu auf, in diesem Bereich eine Kolosseumbestuhlung aufzustellen und Tickets, Popcorn und rohes Fleisch zu verkaufen. Stellen Sie sich das Brüllen der Menge vor, wenn einer dieser Passagiatoren seinen Koffer schnappt und die Gegner mit dem berühmten »Samsonschwung« erledigt.

7. Lassen Sie niemals jemanden auf das Gepäck warten, der nichts anderes zu tun hat. Lassen Sie dagegen immer all diejenigen warten, die in verzweifelter Eile sind. Letztere sind an der unaufhörlichen Benutzung ihrer Handys zu erkennen, Erstere daran, dass sie gewöhnlich winken, Küsschen zuhauchen und die Ereignisse ihrer gesamten Ferien vor der bewundernden Menge hinter dem beschlagenen Fenster mimisch vorspielen.

8. Stellen Sie sicher, dass der Zoll seine Inspektoren so ausbildet, dass sie niemals jemanden mit Hemd und Krawatte aufhalten. Solche Leute würden nie auch nur im Traum daran denken, etwas Ungesetzliches zu tun. Sie können außerdem gefährlich werden – viele von ihnen kennen Politiker. Die Zollbeamten sollten die Anwei-

sung erhalten, sich angesichts der Aufschrift »Diploma-
tisches Korps« umzudrehen und beide Hände vor die
Augen zu halten.*

9. Bei den verschiedenen verfügbaren Formen des Boden-
transports müssen Prioritäten gesetzt werden. Autover-
mietungen kommen an erster Stelle. Sie zahlen hohe
Mieten. Busse kommen zuletzt: Sie müssen ganz am
Ende des Terminal-Gebäudes halten, nun ja, sagen wir
besser, langsamer fahren. Bringen Sie den Busfahrern
bei, auf die Frage, ob ihr Bus da- oder dorthin fährt,
»vielleicht« zu murmeln. Sie lernen das sehr schnell.
Dazwischen kommen die Taxis. Sie bieten eine großartige Gelegenheit für den berühmten Doppelnelson: Die
Passagiere müssen endlos auf die Taxis warten, die
ihrerseits schon endlos auf sie gewartet haben. Es ist
ganz einfach. Die Taxis müssen sich in eine einzige Reihe

---

* Ich noch ein letztes Mal. Diese Geschichte ist zu gut, um sie auszulassen. Ich
werde selten vom Zoll angehalten; ich muss gefährlich aussehen, selbst ohne
Krawatte. Aber einmal geschah es doch, und wir alle können daraus eine hilfrei-
che Lehre ziehen. Erinnern Sie sich an die Granate (in einer vorangehenden
Fußnote), die nach Schießpulver roch? Nun, ich befand mich auf jener Kanalinsel, deren Name wie eine Rinderrasse klingt, nicht um mein Geld zu waschen,
sondern zum Segeln. Wir gerieten in eine leichte Brise von mehreren hundert Kilometern in der Stunde, und niemand hatte mich davor gewarnt, wie
gefährlich es sei, unter Deck zu gehen. Also besprühte ich dort die Wände und
meine Kleidung mit einer Farbe, die andere nicht so gern mögen. Ich musste
gleich danach nach Kanada zurück – keine Zeit, die schmutzige Wäsche zu
waschen. Als mich der kanadische Zöllner fragte, was in der Tasche sei, die er
gerade öffnete, erzählte ich es ihm. Er dankte mir überschwänglich, verschloss
sie fest und schickte mich sofort weg. »Hey, möchten Sie nichts von der schwe-
dischen Artilleriegranate wissen«, rief ich zurück, »ganz zu schweigen von den
Unmengen vergoldeter Geleebonbons?« Aber er wollte einfach nichts davon
hören. Vielleicht denken Sie das nächste Mal daran, wenn der Zoll Sie kontrolliert.

stellen und dürfen jeweils nur einen Gast aufnehmen. Fluggäste, die versuchen, sich zum nächsten Taxi zu stehlen, können zurück zur Einreisekontrolle geschickt werden. Nachdem ein Wagen winkend verabschiedet wurde, darf der nächste vorfahren. Auf diese Weise bewegt sich die ganze Schlange nach vorne, hübsch anzusehen im »Tanz der trödelnden Taxis«, wie es bei den Flughafenleuten heißt. Eine nette Idee hatte ein Flughafen, der seine Taxis in einem Parkhaus sechs Kilometer von einem der vielen Terminals entfernt parken lässt. Kaum ist der vorhandene Vorrat an Taxis erschöpft, geht der zuständige Mitarbeiter schnurstracks zum Telefon und ruft frischen Nachschub.

Mit dieser fröhlichen Note beenden wir unsere Regeln für den perfekten Flughafen. Bitte entschuldigen Sie, dass wir so weit ausgeholt haben, aber Flughäfen erfordern, wie Sie zweifellos verstehen werden, ein hohes Maß an Management – wie alles andere auf, oder, was das angeht, über der Erde.

14
Wirklich abgeschmiertes Management

In jedem Buch über Management muss es wenigstens ein Kapitel über Management *geben. Selbst MBA-Studiengänge bieten zuweilen ein Seminar über Management an. Wie könnten ihre Absolventen andernfalls erwarten, alles zu managen? Das Management muss unerhört informiert sein, dazu muss es etwas von den Kunden hören. Hierfür gibt es die* Marktforschung. *Mit ihr kann das Management etwas über die Kunden erfahren, ohne je auch nur in ihre Nähe kommen zu müssen. (Kunden können hässliche Fragen stellen; manche schreiben sogar hässliche Bücher.) In diesem hässlichen Kapitel sagt ein Kunde, der versucht hat, der Marktforschung zu sagen, was er vom Management hält, dem Management, was er von Marktforschung hält.*

Was genau ist das Problem? Ich meine, wie kommt es zu alldem? Fluglinien-Manager fliegen selbst doch auch, oder nicht? Flughafen-Manager benutzen doch selbst ebenfalls Flughäfen, und sei es nur, um zu ihren Büros zu kommen.

Erinnern Sie sich noch an Ostern Airlines? Falls ja, heben Sie bitte die Hand – vorausgesetzt, Ihre Arthritis ist nicht zu schlimm. Ostern war einmal die größte Fluggesellschaft der Welt. Börsenanalysten werden alle möglichen Grafiken hervorkramen, um Ihnen zu erklären, was bei dieser Fluglinie schief gelaufen ist. Glauben Sie nicht einer Zahl davon. Ostern machte wegen des Rühreis Pleite.

»Das ist nicht Ihr Ernst«, sagte ich zur Flugbegleiterin, die mir auf einem Morgenflug von Montreal nach New York dieses »Rührei« genannte Schmierei servierte. »Ich habe noch nie etwas so Schlechtes gegessen, noch nicht einmal in einem Flugzeug.« – »Ich weiß«, erklärte sie mir, »wir sagen es ihnen ständig, aber sie wollen es nicht hören.«

Aber wie ist das nur möglich? Wenn die Bosse von Ostern Airlines eine Leichenhalle betrieben hätten, hätte ich es vielleicht noch verstanden. Aber Fliegen ist ein Geschäft, bei dem man die Erfahrungen lebender Kunden teilen kann. Wenn diese Bosse auch nur einmal in ihr eigenes Abschmierei gebissen hätten, wären sie am nächsten Morgen nicht mehr mitgeflogen. Wo also steckten die hohen Tiere?

Haben Sie's erraten? Nein, nicht irgendwo in den Wolken. Während ich da hinten an diesen angeblichen Eiern würgte, saßen sie direkt da vorne in der First Class und schlemmten sich durch. »Das größte Manager-Restaurant der Welt«, so beschrieb mir der große Boss von DeSASter Airlines in einem Moment der Wahrheit die First Class. Er sagte, die meisten Gäste dort wären in Flugliniengeschäften unterwegs. Was für eine gute Idee! Warum selbst Päppelklasse fliegen, wenn man einen Ort im Flugzeug ganz für sich allein haben kann? Mit richtigem, anständig gerührtem Rührei.

Kritisch Airways achtet dagegen sehr sorgsam auf sein Rührei und darauf, »Die beliebteste Fluglinie der Welt« zu sein, zumindest unter Börsenanalysten – jedenfalls in den guten alten Zeiten.

Ich wartete einmal im Flughafen Kiesklau auf mein Gepäck, da erschien eine Marktforscherin von Kritisch Airways mit einem Fragebogen. Oha! Ich blickte mich nach einem Versteck um, aber alles, was ich sah, war mein Gepäckwagen. Keine Toilette in Sicht. Doch mein Versteck war ausreichend gut; sie suchte den Passagier neben mir heim. Nach einer Batterie von banalen Fragen kam dieses kleine Juwel, und ich zitiere exakt: »Interessierte sich der Pilot *wirklich* für die Fluggäste?«

Warum hatte ich mich nur versteckt? War das nicht *die* Gelegenheit? Ich brannte doch darauf, sie zu fragen, ob der Pilot von Kritisch Airways *wirklich* daran interessiert war, das Kritisch-Flugzeug zu fliegen! Der Pilot, der den Flug für das Rote Kreuz nach N'gara flog, war wirklich daran interessiert gewesen: Das Flugzeug gehörte ihm. Er war auch aufrichtig an den Fluggästen interessiert: Er teilte seine Flasche Wasser mit uns. Kein Kritisch-Pilot hat das je mit mir gemacht.

Ein andermal erwischte es mich selbst. Kiesklau war ruhig – es muss 4 Uhr morgens an einem Freitag, dem 13., gewesen sein. Ich hatte schnell eingecheckt und saß mit zu viel Zeit allein in der Abflughalle. Ich sah sie nicht kommen, bis es zu spät war, mich unter dem Gepäckwagen zu verstecken.

Sie stellte viele Fragen, aber jede einzelne davon betraf das Einchecken. Sie denken vielleicht, dass sie sich für meine Antworten interessierte. Nicht im Geringsten. Sie

war daran interessiert, Zahlen auf ihrem Bogen zu umkringeln. Nachdem sie mich schon eine ganze Weile gefoltert hatte, platzte es aus mir heraus:»Hören Sie, die ganze Sache dauerte zwei Minuten; wir diskutieren das hier jetzt schon mehr als zehn.« Sie wollte nichts davon hören; sie wusste, dass ich nirgendwo anders hingehen konnte. Sie machte unablässig weiter, wie eine der Fahrstuhltüren im Flughafen. Nach mehreren weiteren Fragen über das Einchecken sagte ich flehentlich:»Es war weder spitze noch schrecklich; sie nahm mein Ticket und gab mir die Bordkarte.« Ob die Frau dabei gelächelt hatte, wollte sie wissen. Tatsächlich fragte sie:»Lächelte sie in natürlicher Weise oder was es ein gezwungenes Lächeln?« Wenn Sie glauben, dass ich mir irgendetwas davon ausgedacht habe, sind Sie nie gemarktforscht worden.

Also versuchte ich es anders.»Entscheiden Sie das. Ihre Wangen waren leicht gerundet, ihr Mund einen oder zwei Millimeter geöffnet, und sie stellte für die unerlässliche Millisekunde einen Augenkontakt her.« Sie blickte mich wütend an und umkringelte die Nummer »3« auf ihrem Bogen.»Aber ihre Augen funkelten nicht«, fügte ich hinzu. »Da müssen Sie etwas unternehmen. Vielleicht eine spezielle Augenfunkel-Schule zusammen mit einer Schule für den gepflegten Vortrag – für die Piloten.« Sie dankte es mir nicht mit ihren eigenen Augen. Glücklicherweise rief man dann aber meinen Flug aus und ich flitzte los, um meine Bordkarte abzugeben. Ich sehne mich nach dem Tag, an dem ich einem Marketingmenschen in die Hände falle, der mit mir über Marketingmenschen sprechen möchte.

Tatsächlich bin ich wirklich daran interessiert, eine Fluggesellschaft zu finden, die wirklich an uns Leuten interessiert ist, die man *Kunden* nennt. Eine, die uns mit funkelnden Firmenaugen natürlich anlächelt.

Allen anderen möchte ich sagen: Wen, glauben Sie, nennen Sie einen *Kunden*? Sie haben vielleicht Nerven. Ich bin ein *Mensch*, mit bezaubernden und ekelhaften Eigenschaften. Ich liebe und hasse, oder, genauer, ich kann liebenswert und hassenswert sein. Sie sehen mich an – braune Augen, die strahlen oder sich verdüstern können, Aufregung oder Langeweile signalisieren – und alles, was Sie sehen, ist ein *Kunde* oder »Herr Esel«, irgendein Mittel, um Ihren Gewinn für die Aktionäre auf Kosten anderer menschlicher Werte zu maximieren. Sie scheinen zu glauben, dass Sie mich *Kunde* nennen müssen, um mich anständig zu behandeln. Ich finde, das würdigt mich herab.

Bitte behandeln Sie mich, wie ich es verdiene. Beleidigen Sie mich, wenn ich Sie beleidige. (Junge, würde das Fliegen dadurch jetzt interessant werden!) Damit würden Sie mir wenigstens Respekt erweisen. Dann kann ich auch Sie respektieren. Wenn Sie über den *Kunden* hinausblicken können, kann ich in Ihnen vielleicht sogar mehr sehen als nur *die Fluglinie*.

15
Warum ich das Fliegen
wirklich hasse

Dieses Kapitel behandelt die Struktur. *Struktur bedeutet, individuell-unersetzliche Menschen durch verzichtbare menschliche Ressourcen zu ersetzen. Behandelt man diese menschlichen Ressourcen als Kategorien, dann stellt man sicher, dass sie das Gleiche mit den Kunden tun. Aber die Struktur muss alle paar Wochen geändert werden; denn welchen Sinn macht es, Manager zu sein, wenn man nicht ständig irgendetwas reorganisieren kann? (Erinnern Sie sich daran, dass wir in Zeiten großen Wandels leben, selbst wenn sich die Manager-Krawatten niemals ändern.)*

Wollen Sie also wirklich wissen, warum ich das Fliegen hasse? Sie scheinen geduldig zu sein (oder Sie waren lange abwesend).

Es wurde mir kürzlich klar, als ich mit Air Chance – ohne eine Madame Ekelbein an Bord – über Afrika flog. Es war wirklich eine ganz unschuldige Frage während des Frühstücks (nicht lange nach dem Abendessen).

»Möchten Sie das Omelett oder lieber die verlorenen Eier?«, fragte sie freundlich, mit dem Anflug eines Funkelns in ihren Augen. Sie sagte nicht »Dasomlettoderdieverlorneier«. Sie sprach deutlich, trotz der im Französischen nötigen zusätzlichen Worte. Trotzdem, genau in diesem Moment und an diesem Ort wurde es mir schlagartig klar: Es sind diese Kategorien. Alles ist so kategorial hier oben am Himmel. Selbst ich. Besonders ich, wie alle anderen. Hier oben bin ich keine Person, ich bin eine Kategorie.

Verstehen Sie mich nicht falsch. Ich beschwere mich nicht darüber, dass mich die Fluglinien wie eine Nummer behandeln. Ich kenne keine Fluggesellschaft, die diesen Grad an Individualität erreicht hat. Ich bin eine Kategorie, genannt *Passagier*, schlimmer noch: *Kunde*. Selbst wenn sie mich manchmal »Herr Esel« nennen.

Fluglinien sind besessen von Kategorien. »Geleeodermarmelade«, »Geleeodermarmelade«, »Geleeodermarmelade«, sagte eine Flugbegleiterin in einem anderen Flugzeug zu jedem Fluggast, als sie wie eine Art Verteilermaschine den Gang hinunterging. Und dann gibt es die Vielflieger-kategorien – die Diamant-, Prestige-, Maharadscha-Kategorie und so weiter. Und die kategorisierten Fragen beim Einchecken. »Haben Sie Ihre Tasche unbeaufsichtigt gelassen, nachdem Sie sie gepackt haben?« (Klar – sie war im Kofferraum, auf der Fahrt zum Flughafen.)

Es gibt ein besonderes Wort für Organisationen, die von Kategorien besessen sind: Bürokratie. Bürokratie bedeutet nicht Amtsschimmel oder Leute, die nur auf ihrem Hintern sitzen. Bürokratie handelt von Kategorien, und Fluglinien sind die kategorisierendsten Organisationen über dem Erdboden.

Bürokratien bedeuten auch Kontrolle. Und Junge, *wie sehr* geht es – von der Ankunft bis zum Abflug – bei Fluggesellschaften und Flughäfen doch um Kontrolle: das Herdentreiben, das Gequetsche, das Ein- und Auschecken, das Verkaufen. Stellen Sie sich einen Ticketverkäufer vor, der freiwillig lächelt, einen Piloten, der aufrichtig daran interessiert ist, still zu sein, eine Gangway zum Flugzeug mit Malereien der Kinder des Bodenpersonals.

Wenn Sie Fluglinienmagazine lesen, wissen Sie, dass die großen Management-Gurus die Bürokratie für tot erklärt haben. Wir leben in bewegten Zeiten, erklären sie uns immer wieder. Tatsächlich ist mir das gar nicht aufgefallen. Die Lage scheint hier oben am Himmel recht ruhig zu sein, recht ruhig kategorial. Vielleicht reisen diese Gurus nie mit dem Flugzeug. Oder sie fliegen im Geiste wie gewöhnlich ein paar Kilometer höher als alle anderen. Hier unten ist jedenfalls eines sicher: Es ist die Bürokratie, die sich auf einem Höhenflug befindet, und sie ist quicklebendig.

Wenn ich nicht gerade fliege, beschäftige ich mich beruflich mit der Untersuchung bürokratischer Strukturen. Natürlich erwartet man von mir, dass ich für sie Verständnis aufbringe und entschuldigende Worte finde. Ich schrieb früher Dinge wie »Je größer ein System, desto formalisierter sein Verhalten« und »Je regulierender das technische System, desto formalisierter der Betrieb und desto bürokratischer die Struktur des operativen Zentrums.« Verstanden? Ich gebe auf Wunsch die Seitenzahlen an.

Das heißt: Wenn wir es also groß und ruhig haben wollen, müssen wir die Bürokratie wohl in Kauf nehmen. Und wenn wir die Sardinenklasse nicht mögen, sondern wie ein

Delphin reisen wollen, sollten wir uns vielleicht besser einen Taucheranzug besorgen.

Also sollten wir ihnen vielleicht nicht die Schuld geben, den Flugmenschen des Himmels. Sie müssen es ja tun, diese menschlichen Ressourcen, Flug um Flug, Tag für Tag, »Passagier« für »Passagier«. Das kann einen schon abstumpfen. Vielleicht sollten wir stattdessen jene Menschen in Flugzeugen und Flughäfen feiern, die über Kategorien hinausgehen können – und über die Überheblichkeit. Wie der Flugbegleiter von Kritisch Airways, der mir auf meinem Rückflug von London wieder begegnete, nachdem er am Tag zuvor schon auf dem Hinflug Dienst gehabt hatte. Er war aufrichtig daran interessiert, »Herrn Mintzberg« wiederzusehen, dessen Namen er wirklich behalten hatte. (Nur gut, dass ich nicht unter »Herr Esel« gebucht hatte.) Es tat ihm sogar aufrichtig leid, dass die Zeitung nicht vorhanden war, die schon am Tag zuvor nicht an Bord war. Stoßen wir also an auf diese Menschen der Lüfte, die es geschafft haben, menschlich zu bleiben.

Und das führt uns zurück zu der freundlichen Flugbegleiterin von Air Chance, die mir über Afrika »Omelette / oder / verlorene / Eier« anbot – bei weitem keine Madame Ekelbein.

Ich nehme das Omelett. Sie lächelt: Ich glaube, sie ist wirklich an meiner Wahl interessiert. Wenn das stimmt, ist sie ein besserer Mensch, als ich es je sein werde. Dann fragt sie, ob ich Kaffee oder Tee möchte: »Kaffee / oder / Tee«, sagt sie deutlich, und als ich beides ablehne, versteht sie sofort. »Könnte ich stattdessen etwas Orangensaft haben?«, frage ich. Sie antwortet, dass ich Orangensaft *und* Kaffee oder Tee haben kann. Wow! Dann habe ich eine brillante

Idee. »Könnte ich zwei Glas Orangensaft bekommen?« Sie lächelt ein aufrichtiges Lächeln. Ich auch. Ich wette, niemand hat jemals zuvor zwei Orangensaft genommen.

Also hier sitze ich mit meinem Essen, Omelett / und / Kalbsfleischwurst gerahmt von einem Glas Orangensaft auf jeder Seite, und fühle mich ungeheuer individuell. Gibt es am Ende doch noch Hoffnung für das Fliegen?*

---

* Nicht für Louis. Als er dies las, sagte er: »Übrigens dachte ich, *ich* sei der Einzige, der zwei Glas Orangensaft nimmt.« Jetzt nehme ich drei.

16
Doch noch Hoffnung auf Menschlichkeit in der Welt des Fliegens?

Dies ist nicht das Kapitel über EMPOWERMENT, die Delegierung von Entscheidungsbefugnissen. Solche Delegierung ist eine Gabe der Götter, durch die ein Management, das von der Arbeit nichts versteht, ein bisschen Kontrolle darüber an die Arbeitnehmer abgibt, die sie verstehen. Empowerment findet sich in primitiven Organisationen. In fortgeschrittenen Organisationen, wie zum Beispiel Bienenstöcken, wissen die Arbeiterinnen, was sie zu tun haben, und machen es einfach. Dieses Buch schließt mit einer hoffnungsvollen Note, indem es einen fortschrittlichen Akt beschreibt, der sich an einem primitiven Ort zutrug.

Wir treffen mit Flug Wiesollichihnnennen auf dem Pariser Charlie-der-Gallier-Flughafen ein. Als das Flugzeug quietschend zum Stehen kommt, springen wir auf das Zeichen alle gemeinsam auf, begierig darauf, wieder Herdenvieh zu werden – alles, nur keine Sardinen.

Alle bewegen sich, außer mir, der sich nicht bewegen kann, weil der Fleischklops neben mir nach seinem Koffer herumsucht. Warum kann der sich nicht mal ein bisschen beeilen? Schließlich erlöst er mich gnädig und ich suche nach meinem, nur um mir einen bösen Blick von dem Dummkopf hinter mir einzufangen. Warum so eilig, Kollege?

Ich kann es nicht erwarten, aus der Blechdose herauszukommen. Als ich es schließlich schaffe, entdecke ich zu meinem Entsetzen, dass ich in eine andere Dose getrieben wurde, eine von den rechteckigen. Ich warte am Eingang und schnüre meine Boxhandschuhe zu, während wir alle darin verstaut werden, zuletzt der Typ, der sein Malbuch vergessen hatte und noch einmal zurückgegangen war. Ich warte, während wir losruckeln, -holpern und -poltern, um vom Terminal verschluckt zu werden. Ich warte, irgendwo hoch oben an die Wand gedrückt, um meinen Pass vor einem uninteressierten Einreisebeamten zu schwenken, damit ich darauf warten kann, mit dem Koffer meinen Samsonschwung zu vollführen, damit ich darauf warten kann, meine Schachteln mit vergoldeten Geleebonbons an der Zollinspektion vorbeizuschmuggeln, damit ich auf das Taxi warten kann, das auf mich gewartet hat.

Schließlich klettere ich hinein, strecke mich und schwelge in meiner Individualität, in dem berauschenden Wissen, dass ich fast außerhalb ihrer Reichweite bin. Wie ein Schuss jagen wir davon, zischen vorbei an Reklametafeln, die verzweifelt versuchen, meine Meinung über den alles auffressenden Konsum zu ändern – jede noch bei mehreren hundert Kilometern in der Stunde vollkommen lesbar.

Meine Aufregung steigt in der Erwartung dessen, was meiner Erinnerung nach dahinter liegen muss. Es gibt eine andere Welt hier draußen, da bin ich mir sicher.

Genau in diesem Moment, ohne Zeichen, erscheint eine Hand aus dem Auto vor uns. Sie hält ein riesengroßes Stück Papier und lässt es mit ungeheuer beiläufiger Entschlossenheit fallen, einfach so, auf diesen makellosen Asphalt. Auf dem Heck des Autos steht eine Beschriftung: »Aeroports de Paris«.

Es *gibt* Hoffnung auf Menschlichkeit, selbst in der Welt des Fliegens.

Ein Dankeschön aus dünner Luft

Ich möchte zuallererst den Fluggesellschaften und Flughäfen dafür danken, mich mit so reichhaltigem Material
versorgt zu haben. Das war gewiss nicht leicht. Bei Betty
und Paul möchte ich mich dafür bedanken, dass sie so
kreativ daran gearbeitet haben, mein Geld nicht in ihre
Taschen zu bekommen. Vielen Dank an Victor Borges für
die folgende Zeile: Ich möchte Mama und Papa danken, es
möglich gemacht, und Susie und Lisa, es nötig gemacht zu
haben (kleiner Scherz, Kinder). Anne und Ana bin ich
dafür zu Dank verpflichtet, dass sie in Flugzeugen neben
mir saßen. Danach und darüber hinaus danke ich Sasha,
überall sonst neben mir gesessen zu haben.

Außerdem danke ich Joelle dafür, alldem zugehört zu
haben, ohne mir immer zu sagen, was sie wirklich dachte.
Ebenso danke ich Bill dafür, nie zugehört und mir immer
gesagt zu haben, was er wirklich dachte (nämlich, dass ich
nicht den Beruf wechseln sollte). Ich schulde Coralie Dank
dafür, dass sie versucht hat, mir zu sagen, was ich wirklich
denke.

Großer Dank geht an Frances, Harvey, Louis, Kunal,
Gordon, Stan, Lee, Joe und Sasha für ihre edlen, aber
fruchtlosen Bemühungen, dieses Buch vor Übertreibun-

gen zu bewahren. Vielen Dank an Mitch, Nancy und (erneut) an Joe dafür, dass sie versucht haben, es noch mehr abheben zu lassen. Ich danke der McGill University in Montreal und INSEAD nahe Paris für die Lehraufträge, die weit genug voneinander entfernt waren, um all das Fliegen nötig zu machen. Mein Dank geht auch an Kate, die Wege gefunden hat, mir all die Bonusmeilen abzunehmen. Außerdem hat sie zusammen mit Santa dieses Manuskript in eine Form gebracht, die man einer misstrauischen Öffentlichkeit andrehen kann.

Ich möchte Hans Ritman dafür danken – Junge, wie bin ich ihm zu Dank verpflichtet –, dass er dieses Buch schon hochhielt, als es noch nicht startklar war, bis er es auf den Buchmessen in Frankfurt und London abflugfertig gemacht hat. Ich danke Britta Kroker und Olaf Meier, die es dort aufgesammelt und in den deutschen Buchraum katapultiert haben. Passt auf euer Gepäck auf, Leute!

Fast zum Schluss möchte ich jenen tapferen Mitarbeitern des Fluggeschäfts danken, die über all dem abgründigen Wahnsinn ein gewisses Maß an Vernunft aufrechterhalten, ganz zu schweigen davon, dass sie mit Passagieren wie mir zu tun haben müssen.

Und schließlich möchte ich, hoch über allen anderen, Leuten wie mir danken, ohne die dieses Buch unmöglich hätte geschrieben werden können. Alle noch verbliebenen Fehler gehen auf das Konto des KorrekTors.

Henry Mintzberg

irgendwo oben in den Wolken

Demnächst
von demselben hysterischen Autor:
*Warum ich es hasse, den Hefter nachzufüllen**

★ Es sei denn, Sie halten es bis zu seiner brillanten Kurzgeschichtensammlung
»Reflexionen eines Fensters« aus.